www.united-pc.eu

Peter Michael Wocke

Auf Freundfahrt

und

Eine fatale Begegnung

zwei Kurzromane

mit Zeichnungen von Moritz Schmid

erste Auflage von März 2023

Inhalt

Auf Freundfahrt

Kindheit unter der Faust

Dietbert kam im Spätherbst des Jahres 1920 als drittes Kind der Familie v. Harnisch auf die Welt und wurde nach seinen beiden Schwestern Magdalena und Hedda als erster männlicher Stammhalter hoffnungsvoll begrüßt. Die Dominanz im Hause lag eindeutig beim Vater, einem U-Bootveteranen aus dem Ersten Weltkrieg[1], der unverkennbar den ach so wunderbaren Zeiten nachtrauerte, in denen er noch schneidig in seiner frisch gebügelten Uniform an der Reling des von ihm befehligten Tauchboots gestanden war und gespannt der ersehnten Feindberührung entgegengefiebert hatte. Nur allzu gerne wäre er zwei Jahre zuvor noch einmal hinausgefahren, um in einem letzten großen Gefecht ein für alle Mal im Atlantik „aufzuräumen" und das Ruder des vollmundig begonnenen, dann aber kläglich verlorenen Krieges doch noch zugunsten des deutschen Kaiserreichs herumzureißen. Nach seiner Ansicht hatten ihm zahlreiche Kollegen „*fatalerweise*" einen dicken Strich durch die eigentlich so klare Rechnung gemacht, als sich im November 1918 in Kiel die Matrosen weigerten, bei einem weiteren unsinnigen Unternehmen in Form einer letzten gigantischen Seeschlacht für die „*Ehre von Kaiser und Vaterland*" gleichsam verheizt zu werden. In den Augen des Kriegsmannes, der außer ein paar Seefahrerregeln in seinem ganzen Leben nichts Sinnvolles gelernt hatte und nun von dem Vermögen seiner Familie ein feudales und repräsentatives Leben führte, ohne etwas halbwegs Brauchbares daraus zu machen oder diese Privilegien wenigstens nur zu genießen, han-

---

[1] Der zermürbende Erste Weltkrieg (1914 – 1918) wurde vom deutschen Kaiser Wilhelm II. begonnen und unter riesigen Verlusten für sämtliche Beteiligten verloren.

delte es sich bei jenen Leuten, die mit ihrem entschlossenen „Nein" endlich das Ende des fatalen Irrsinns eingeleitet und somit die in der Bevölkerung längst verbreitete allgemeine Kriegsmüdigkeit mutig zum Ausdruck gebracht hatten, lediglich um die „Novemberverbrecher" (eine Bezeichnung, die sich ein paar Jahre später im braunen Rahmen wiederholen sollte), welche man eigentlich alle noch hätte hinrichten lassen müssen, wenn es nicht viel zu viele gewesen wären und die mit den Exekutionen beauftragten Schergen sich ihnen nicht in voller Überzeugung angeschlossen hätten.

So träumte Herr v. Harnisch von wieder „besseren" Zeiten und fand dafür genug Anregung an den Wänden des Hauses, wo er überall Bilder aus seiner vergangenen „Heldenzeit" hatte aufhängen lassen und dabei inständig hoffte, dass diese Phase von Ruhm, Ehre und Anerkennung in seinem Leben noch einmal aufblühen werde.

Sein soeben auf die Welt gekommener Sohn Dietbert, der vielleicht in noch weniger als zwei Jahrzehnten dem durch den Vertrag von Versailles „schändlicherweise" auf 100 000 Mann beschränkten Heer angehören würde, war bei solchen Überlegungen jetzt ein Hoffnungsschimmer. So wurde die Zukunft des kleinen Erdenbürgers bereits verplant, bevor dieser überhaupt irgendetwas davon verstehen konnte. Ob der Vater allerdings bei seiner Lebenserfahrung, die er im Grunde hätte haben können, tatsächlich mehr Durchblick aufbrachte als sein Neugeborener, sollte man lieber dahingestellt sein lassen…

Die Mutter Rosalinde wurde zu der reibungslos verlaufenen Geburt nicht großartig beglückwünscht, wie dies eigentlich angebracht gewesen wäre, sondern sie hatte nun endlich einen Jungen zur Welt gebracht und damit nach Ansicht des Vaters zum Glück nicht ein drittes Mal bei ihrer Aufgabe versagt, denn in der Familie v. Harnisch galten die Mädchen schließlich gleichsam als Kinder zweiter Klasse und rangierten in den Augen des gestrengen Herrn Haushaltungsvorstands eigentlich direkt hinter Fehlgeburten. Rosa war erleichtert, denn sie kam sich gegenüber ihrem Gebieter stets untertänig vor und hatte in den Wochen vor der Niederkunft lange Ängste ausgestanden sowie inständig dafür gebetet, ihren verehrten Gemahl diesmal nicht schon wieder bitter enttäuschen zu müssen. Dieser sah bei der neuen familiären Konstellation seine Aufgabe vor allem darin, den Sohn alsbald mit väterlicher Strenge auf die vor ihm liegenden Anforderungen in einem hoffentlich politisch und in erster Linie militärisch wieder erstarkten Deutschland entsprechend vorzubereiten.

Während der ersten drei Lebensjahre beschränkten sich diese Ambitionen noch hauptsächlich darauf, dass Rosalinde beinahe regelmäßig ermahnt wurde, mit dem Kind nicht zu nachsichtig umzugehen und es auf gar keinen Fall zu „*verweichlichen*".

Noch bevor Dietbert zur Schule kam, musste er des Öfteren im Garten schlafen und dabei seine Angst überwinden sowie der Kälte trotzen. Sobald die Blicke des Vaters nicht mehr über ihn wachten, verkroch er sich allerdings zu seiner Schwester Magdalena ins Bett, die den kleinen Eiszapfen dann fürsorglich wärmte, und ihm die Liebe gab, die seine Mutter jetzt meistens nur noch gedanklich schenken durfte. Als der Hausherr dies eines Abends bemerkte, setzte es gleich zwei Portionen heftige Prügel – einmal für den Sohn und ebenso für die Tochter. Derartige Vorkommnisse wiederholten sich mit gewisser Regelmäßigkeit, denn jede Maßnahme zur

Einschränkung der Freiheit eines heranwachsenden Menschen regt ganz automatisch dessen Erfindergeist an, um solche Regelungen erfolgreich zu unterlaufen – und bei der Familie v. Harnisch stand das Denkvermögen von gleich drei stets wachsamen und kreativen Kindergehirnen, die immer fest zusammenhielten, dem eines allmählich alternden Kommissschädels gegenüber, der einfach nicht von seiner vorgefassten Meinung abzubringen war, dass Gewalt grundsätzlich das Maß aller Dinge bedeute.

Am nächsten Weihnachten stand für den mittlerweile sechsjährigen Dietbert das Modell eines richtig funktionierenden Schützenpanzers unter der von der Hausangestellten hübsch geschmückten Tanne, welcher nach dem Aufziehen ein paar Meter durch das Zimmer fahren konnte und dabei seinen Geschützturm langsam drehte, während eine Rolle mit Zündplättchen rotierte, die durch ein Hammerwerk regelmäßig Knallgeräusche abgaben, wobei gleichzeitig aus dem Kanonenrohr jeweils ein winziger Funke austrat. Die Freude des kleinen Jungen hielt sich in Grenzen, weil er vor diesem Spielzeug eher Angst empfand und sich zunächst behände auf das Sofa flüchtete, um vor dem Ungetüm einigermaßen sicher zu sein. Vaters unüberhörbar gebrülltes Machtwort lautete nur: *„Ein deutscher Junge hat niemals ängstlich zu sein! Komm' mal sofort wieder her, du Feigling!"*
Das gemächliche Vorwärtskrabbeln des olivgrünen Dings erinnerte Dietbert an den Igel, den er vor dem Wintereinbruch im Garten beobachtet hatte, und so ein Wesen interessierte ihn weit mehr als jenes hässliche Knallzeug. Sobald er Hedda in einer ruhigen Minute seine Gedanken zu dem Objekt beichtete, verstand die ältere Schwester sofort das Anliegen und holte ein entsprechendes Stück Stoff, das gut unter-

polstert auf das Panzermodell gestülpt wurde. Im Weg stand lediglich diese nutzlose Kanone, welche Dietbert kurz entschlossen mehrmals zur Seite und wieder zurück bog; nach achtmaligem Biegen zeigte die Materialermüdung ihre Wirkung und das Blechrohr brach ab, so dass die Igelverkleidung weit besser passte. Als Augen dienten zwei schwarze Knöpfe und ein dunkler Stofffetzen wurde dazwischen zur Andeutung der Nase aufgenäht. Das Schnäuzchen stickte Hedda geschickt in der Mitte fest. Nun musste noch jener Hammer, der immer gegen die Zündplättchen schlug, weggebogen werden und die Verwandlung war vollzogen, wobei die neue Funktion seines väterlichen Weihnachtsgeschenks dem kleinen Mann sichtliches Vergnügen bereitete. Am Abend sah das Familienoberhaupt den Umbau, durch den am Original einige irreversible Veränderungen einhergegangen waren, und kochte vor Zorn. Er griff sich seinen Sohn und verprügelte ihn ohne Rücksicht auf Verluste; dann schrie er: „Und wer hat dir dabei geholfen?" Als Dietbert nicht antwortete, setzte es noch ein paar saftige Ohrfeigen obendrein. Da sich der Hausherr als *gerechter* Vater vorkam, wurde auch beiden Schwestern jeweils eine Abreibung nach Art des Hauses verabreicht. Erst dadurch erfuhr Magdalena, dass wohl wieder einmal irgendetwas nicht ganz nach Plan gelaufen zu sein schien.

Jugend unter dem Hakenkreuz

Als Dietbert seinen vierzehnten Geburtstag erlebte, hatte sich im Land einiges geändert, was in weiten Kreisen das Wohlwollen des Vaters erregte: Der Nationalsozialismus war nach jenem vorausgegangenen und missglückten Putschversuch durch eine ordentliche Wahl an die Macht gekommen und die neue Regierung erweckte den Anschein, dass alles anders werden müsse, was alsbald geschehen werde, womit das Vaterland demnächst wieder in altem Glanz und neuer Größe zu erleben sei.

Für die Heranwachsenden gab es nun die HJ[2], zu der Herr v. Harnisch seinen Sohn zum frühestmöglichen Zeitpunkt anmeldete; auch die beiden Töchter erhielten im BDM[3] ein gleichwertiges Umfeld zur Freizeitgestaltung, wobei von *freier* Zeit eigentlich nichts zu spüren war, denn es wurde im Grunde in sämtlichen Punkten vorgegeben, was Freude zu machen und wofür man sich zu begeistern hatte.

[2] Die „*HJ*" (**H**itler**j**ugend) war eine staatliche Organisation zur Kriegsertüchtigung ab dem 14. Lebensjahr, die als große gemeinschaftliche Freizeitaktivität für die Jungen kaschiert wurde und deren Mitgliedschaft anfangs noch auf Freiwilligkeit beruhte.
Um die Kinder noch früher dem Regierungseinfluss auszusetzen, wurde der HJ das „*DJ*" (**D**eutsches **J**ungvolk) vorgeschaltet, dem man bereits ab zehn Jahren angehören konnte.
Bei beiden Organisationen ließ sich ein Beitritt durch den Willen der Eltern bald nicht mehr verhindern.
Die HJ gilt als eine Art Vorläufer der FDJ (**F**reie **D**eutsche **J**ugend) der späteren DDR.

[3] „*BDM*" (**B**und **d**eutscher **M**ädel) und „*JM*" (**J**ung**m**ädelbund) stellten Parallelorganisationen zu HJ und DJ dar; sie waren lediglich auf die Mädchen zugeschnitten.

Besonders bei der HJ wurde vor allem das praktiziert, was Dietbert quasi im privaten Strafvollzug bereits seit seinem dritten Lebensjahr durch den Vater
erfahren musste: hauptsächlich paramilitärischer
Drill, wobei in erster Linie bedingungsloser Gehorsam verlangt und sofort darauf entsprechend er-
zwungen wurde, während die harten Burschen, die
als Ausbilder fungierten, jeden Vorgang des Mitden-
kens unverzüglich im Keim erstickten. Ihre Opfer hatten lediglich zu funktionieren und die dafür überflüssi-
gen Überlegungen sollten am besten überhaupt nicht
erst aufkommen.
Über allem hing immer das Schwarzweißfoto von diesem Typen, der auch im Klassenzimmer über der Tafel sowie daheim im Silberrahmen hinter Glas auf
dem väterlichen Schreibtisch zu sehen war und
gleichsam die Funktion eines Gottes oder zumindest
Halbgottes innezuhaben schien…
Es ist ganz interessant, wie Einflüsse, die mit allzu
großer Vehemenz auf heranwachsende Menschen
andauernd niederprasseln, von diesen oft weit weniger aufgenommen werden als bei einer eher zufälli-
gen Begegnung damit. Ebenso gibt es Eltern, die ihre Kinder mit allem Nachdruck zu intensiver Fröm-
migkeit erziehen möchten und dadurch letztendlich
eine kritische Abkehr von der vorgegebenen Richtung erreichen.
Freilich sind auch Fälle bekannt, bei denen Jugendliche, deren Denkvermögen vor dem ersten Aufblühen
schon abgetötet war, ab 1939 richtig Angst davor
empfanden, der Krieg könnte bereits zu Ende sein,
bevor sie dort endlich mitmachen dürften.

So ließ Dietbert all die „Geländespiele" geduldig über
sich ergehen, versuchte dabei, möglichst wenig aufzufallen und spielte brav bei den ständigen Huldigun-
gen mit, die dem besagten „Halbgott" entgegenge-

bracht werden mussten. Die „Härte", auf die er ausgerichtet und eingeschworen wurde, war ihm schließlich aus dem Elternhaus seit der frühesten Kindheit bekannt und bedeutete somit keine allzu starke Umstellung.

Die neue Zeit brachte auch für den Vater einige willkommene Veränderungen: Er brauchte nicht mehr nur daheim zu sitzen und den vergangenen Zeiten nachzutrauern, sondern es fand sich für ihn im Herbst 1939 ein Schreibtischposten beim OKM[4], da das Marineministerium ja seit 1871 nicht mehr existierte. Er konnte nun an seine früheren Erfahrungen anknüpfen und eine Art Vorbildfunktion für die jungen Männer abgeben, die in der gerade wieder erstarkenden Armee auf ihr späteres Unwesen vorbereitet wurden.

Man hört vielfach von Leuten, die in ihrem beruflichen Revier stets die knallharten Kerle spielten, jedoch im trauten Familienkreis meist vorbildliche Ehemänner und Väter abgaben. Ein typisches Beispiel dafür wurde ein paar Jahre später der SS[5]-Obergruppenführer und Polizeigeneral Reinhard Heydrich[6], der in der Tschechoslowakei das schaffen sollte, was er sowie seine Komplizen unter „Ordnung" verstanden,

---

[4] *„OKM"* hieß „**O**ber**k**ommando der (Kriegs-)**M**arine".

[5] Die *„SS"* (**S**chutz**s**taffel) diente der Überwachung und Ausschaltung politischer Gegner. Dabei setzte sie quasi als *„Staat im Staate"* die Ziele der Diktatur um.

[6] Reinhard Heydrich (1904 – 1942), ließ als stellvertretender Reichsprotektor in Böhmen und Mähren zahlreiche Verbrechen gegen die dortige Bevölkerung verüben und war außerdem maßgeblich für den Völkermord an der jüdischen Religionsgemeinschaft verantwortlich. Er starb infolge eines von England aus organisierten Attentats.

und dabei treffend als der „*Henker von Prag*" bezeichnet wurde, wobei er selber stets „saubere" Hände behielt.

Umgekehrt kommt es immer wieder vor, dass Leute, die von Berufs wegen eine gewisse Menschenfreundlichkeit praktizieren, wie beispielsweise Pfarrer, ihrer Familie gegenüber mit unerwarteter Härte und Ungerechtigkeit auftreten.

Bei Herrn v. Harnisch kamen Beruf und Privatleben hingegen ziemlich exakt zur Deckung: Gegenüber seinen Kindern hatte dieser zu Hause genau das praktiziert, was er im Grunde gerne noch beruflich weitergeführt hätte, und war somit seinen Zielen stets treu geblieben. Dies änderte sich allerdings auch nicht, als er später wieder einer „amtlichen" Aufgabe nachgehen durfte, die seinen Neigungen und Erfahrungen entsprach – mit irgendwelchen Fähigkeiten, die über dieses Niveau hinausgingen, konnte er ja ohnehin nicht aufwarten.

Der Sohn Dietbert wurde nie gefragt, in welche Richtung seine Interessen tendierten, sondern der Vater stand immer auf dem Standpunkt, die Kinder dürften bei ihm machen, was sie wollen – jedoch das, *was* sie zu wollen haben, würde selbstverständlich alleine *er* bestimmen. So verfügte dieser, wie kaum anders zu erwarten, dass nach dem politisch bedingt vorgezogenen Schulabschluss in der Oberprima[7] natürlich nicht der spätere Weg auf die Universität angepeilt wurde, sondern es aufgrund seiner väterlichen Weichenstellung direkt auf die Reichsmarineschule nach Warnemünde gehe – mit dem vordringlichen Ziel, „Leutnant zur See" zu werden. Der Nachwuchs sollte somit in die Fußstapfen des Vaters treten und nach

---

[7] Die Oberprima stellte nach damaliger Zählung die neunte Gymnasialklasse dar, also im heutigen Schulsystem die dreizehnte Klasse.

Möglichkeit all das weiterführen, wozu der Vormund wegen des gemäß seiner Ansicht viel zu früh aufgegebenen Weltkriegs „leider" nicht mehr gekommen war und wofür nach dem soeben ausgebrochenen – oder besser *vorsätzlich begonnenen* – neuen Krieg endlich wieder reale Chancen zu bestehen schienen.

Systematische Ausbildung zum Massenmörder

Die „Karriere" des inzwischen gerade volljährig ge-
wordenen Dietbert schien Ende 1941 durch den Einfluss des Vaters geradezu vorprogrammiert zu sein,
denn dieser behielt seinen Nachwuchs quasi von
Amts wegen ständig im Auge und nutzte dabei auch
sehr wohl die „Gunst der Stunde":
Nach dem japanischen Angriff auf den amerikanischen Flottenstützpunkt Pearl Harbor auf Hawaii am
7. Dezember befanden sich die Vereinigten Staaten
einen Tag später mit Japan offiziell im Krieg.
Aus Nibelungentreue zu dem fernöstlichen Inselstaat
erklärte Deutschland, das mit diesem im Bündnis
stand, am 11. Dezember Amerika ebenfalls den
Krieg und unterschätzte den Einfluss jener Groß-
macht ebenso wie den von Russland, als es dieses
bereits im letzten Sommer überfallen hatte. Politisch
war so ein Schritt vollkommen unsinnig und erfolgte
überdies auch ohne jede moralische Verpflichtung,
weil im Militärbündnis mit Japan, das sich als Aggres-
sor betätigt hatte, lediglich dessen Unterstützung für
den Fall vorgesehen war, dass es *Opfer* eines An-
griffs würde.
Strategisch führte die Situation alsbald zu einer rück-
sichtslosen Bekämpfung amerikanischer Schiffe im
Atlantik, bei denen es sich noch nicht einmal um
Kriegsschiffe handeln musste, sondern ganz normale
Transporte der amerikanischen Handelsmarine genauso angegriffen wurden, weil sie – eventuell – Waren nach Europa brachten, welche für England, das
aufgrund des Überfalls auf Polen seit Anfang September 1939 gleichermaßen zu den Kriegsgegnern
gehörte, möglicherweise von Nutzen sein konnten.

Für die deutsche U-Bootmarine, der Dietbert nach
dem Willen seines Vaters baldmöglichst angehören

sollte, bedeuteten diese Gegebenheiten die Einleitung des „Unternehmens Paukenschlag", bei dem Unterseeboote den gesamten Ozean durchqueren und an der amerikanischen Ostküste so viele Schiffe versenken sollten wie machbar. Der „Erfolg" solcher unsinnigen und lebensverachtenden Aktionen wurde einzig und allein in der Menge des dabei vernichteten feindlichen Schiffsraums, also in BRT[8] gemessen.

Der junge Matrose spürte, dass er sich eindeutig auf dem falschen Weg in sein Leben befand, wusste allerdings auch, als Einzelner nichts dagegen ausrichten zu können. Somit fügte er sich nach außen hin den Gegebenheiten und versuchte zunächst einmal, in der Richtung, die ihm ohne seine Zustimmung vorgegeben worden war, die nächsten Schritte voranzukommen. Was dabei hinter seiner Stirn ablief, konnte niemand ahnen, denn selbst unter einer absoluten Diktatur herrscht immer noch die Gedankenfreiheit. So entwickelte Dietbert sehr zum Wohlwollen seines Vaters großen Ehrgeiz bei der Ausbildung und erreichte bereits drei Jahre nach Beginn den Offiziersrang.
Als Kommandantenschüler lernte er an der Torpedoschule in Flensburg-Mürwik den Beschuss feindlicher Schiffe aus der Tiefe und nahm dabei auch an einigen „Feindfahrten" teil, von denen er jedes Mal unversehrt wieder zurückkehrte, da es zu der angepeilten Feindberührung nicht gekommen war.

Für den nächsten Karriereschritt trafen gleich mehrere wichtige Punkte zusammen:

[8] „BRT" bedeutet „**B**rutto**r**egister**t**onnen" und wird als Einheit für den zur Ladung genutzten Raum eines Transportschiffs verwendet, wobei gilt: 1 BRT ≈ 2,83 m^3.
Im Jargon der Täter sprach man meist von „Tonnage".

Dietbert hatte sich während seiner bisherigen Ausbildung dienstlich nichts zu Schulden kommen lassen und stets ziemlichen Eifer gezeigt.

Sein Vater übte mittlerweile im OKM einen gewissen Einfluss aus und zielte systematisch darauf ab, dass seinem einzigen Sohn, sobald sich die entscheidende Chance auftat, das Kommando über ein eigenes U-Boot anvertraut wurde.

Man schrieb inzwischen das Jahr 1944 und die deutsche Marine hatte in den vergangenen Jahren zahlreiche Verluste hinnehmen müssen, so dass aus den vormals so „erfolgsverwöhnten" Jägern der U-Bootflotte schließlich Gejagte geworden waren und folglich längst nicht mehr so viele geeignete Kommandanten zur Verfügung standen wie noch am Anfang des Krieges. Einer der Gründe dafür lag in der Schließung der so genannten Luftlücke, einem Abschnitt über dem Atlantik, der für die Flugzeuge der Gegner zuvor wegen der begrenzten Reichweiten noch nicht zum Aufspüren von Unterseebooten der Aggressoren hatte angeflogen werden können.

Unterstützt wurde die Ortung durch die neu entwickelte Radartechnik mit 16 Kilometern Reichweite, welche England bereits zur Verfügung stand und die von den meisten deutschen Befehlshabern einfach totgeschwiegen wurde – nach dem direkt kindischen Prinzip: „Wenn wir nicht wollen, dass der Gegner so etwas besitzt, dann hat er es auch nicht!" Diese Grundhaltung gehörte in gewisser Weise zu den Gepflogenheiten des Regimes.

So war beispielsweise bereits 1936 das Luftschiff Hindenburg in Flammen aufgegangen, weil man es in Ermangelung von Helium mit dem hoch brennbaren Wasserstoff gefüllt hatte; der Grund lag keineswegs in der Unkenntnis der Fachleute, sondern in der borniierten Haltung, dass etwas eben nicht feuergefährlich ist, wenn es laut Regierungsanordnung nicht feuergefährlich sein darf...

Dazu kam, dass der aktuelle Standort jedes einzelnen Bootes von den Gegnern durch Anpeilen der abgesetzten Funksprüche problemlos ermittelt werden konnte – schon lange bevor der als *„nicht knackbar"* vermutete Verschlüsselungscode *„Enigma"*[9] durch Zufall Ende 1942 in englischen Besitz gelangt sowie daraufhin vollständig entschlüsselt worden war und sich damit die ausgetauschten Meldungen sogar ganz bequem mithören ließen. Für die Schiffsbesatzungen bestand die Pflicht, mit dem europäischen Hauptquartier immer wieder Kontakt aufzunehmen, sofern man nicht gerade abgetaucht war. Somit erfolgten von jedem Boot weit mehr Funkkontakte, als zur Bestimmung von Standort sowie gefahrenem Kurs überhaupt erforderlich gewesen wären. Ergänzt wurde die Technik des Aufspürens durch das neu entwickelte MAD[10]-System mit Unterstützung durch SONAR[11]-Bojen.

Unter diesen Gegebenheiten sowie aufgrund der „ruhmreichen" Vergangenheit des mittlerweile erneut in Maßen einflussreichen Vaters erhielt der Sohn im Herbst des Jahres die Verantwortung für ein U-Boot des Typs IX C/40 mit Torpedobestückung, das für Ferneinsätze konzipiert war und vollgetankt theore-

---

[9] Im Mai 1941 und nochmals Ende 1942 geriet zufällig der jeweils aktuelle Stand des Codiersystems in die Hände der Engländer.

[10] *„MAD"* heißt „**M**agnet-**A**nomalie-**D**etektor".

[11] *„SONAR"* bedeutet "**S**ound **N**avigation **A**nd **R**anging", also Schall-Navigation und Bestimmung der Entfernung.

tisch 13 800 Seemeilen[12] zurücklegen konnte, was schon mehr als eine halbe Erdumrundung bedeutete.

Es hatte den Anschein, als werde nun gleichsam alles auf eine Karte gesetzt und die Regierung tatsächlich noch auf irgendwelche Wunder hoffe, während sich der Zusammenbruch eigentlich bereits überall ankündigte. Konnten noch vor drei Jahren manche linientreuen Bürger in ihrer guten Stube an einer Wandkarte mit bunten Stecknadeln das ständige Vorrücken der Streitkräfte in naivem Stolz mitverfolgen, wozu die stets triumphal aufgezogenen Nachrichten täglich Gelegenheit gaben, mussten diese Hobbystrategen nun ihre Nadeln immer wieder ein Stück rückwärts setzen, was in der Propaganda natürlich als „geschickt geplante *Frontbegradigungen*" verkauft wurde.

Inzwischen fuhren auf den U-Booten teilweise Jungmatrosen mit, die gerade einmal 16 Jahre zählten und eine Ausbildung im so genannten *„Schnellbrütverfahren"* von lediglich vier Monaten „genossen" hatten. Ebenso gab es auch Kommandanten, die sogar noch jünger als Dietbert waren.

---

[12]   Eine „*sm*" (**S**ee**m**eile) entspricht 1,852 km.

Die Killer aus dem Untergrund

Dietbert stand nun bereits weit oben auf der ihm vorgegebenen beruflichen Karriereleiter und hatte damit den ehemaligen Stand seines Vaters beinahe erreicht. Was noch fehlte, waren dessen „Erfolge", also die Menge des auf den Meeresgrund zu befördernden feindlichen Schiffsraums sowie die dazu gehörenden Matrosen, welche meistens überhaupt keine militärischen Ziele verfolgten, sondern einfach nur der Handelsmarine angehörten und ähnlich Fernfahrern auf der Straße die ihnen anvertrauten Güter ans Ziel bringen wollten.

Für das feige Torpedieren möglichst vieler feindlicher Schiffe aus dem sicheren Versteck unterhalb der Wasseroberfläche des grauen Atlantiks warteten jetzt noch zahlreiche Auszeichnungen in Form des begehrten „U-Boot-Kriegsabzeichens", des „Eisernen Kreuzes", des „Ritterkreuzes" und vielleicht auch des zugehörigen „Eichenlaubs" – quasi als XXL-Ausführung. Nach Ansicht des immer noch kriegsfanatischen Vaters waren das nun die Ziele, die der mittlerweile aus seiner Perspektive endlich hoffnungsvolle Sohn vor dem „Endsieg"[13] nach Möglichkeit in großer Stückzahl einzufahren habe.

Als Idol hielt der Kriegsveteran seinem Nachwuchstalent wiederholt Reinhard Hardegen[14] vor, der schließ-

---

[13] „Endsieg" war ein staatlicher Propagandabegriff, der die ständigen Durchhalteparolen untermauern sollte.

[14] Reinhard Hardegen (1913 – 2018) veranlasste als U-Bootkommandant zwischen Ende 1940 und Mitte 1942 die Versenkung von beinahe vierzig feindlichen Schiffen, wobei etwa fünfhundert Menschen zu Tode kamen.
Während der späteren gefährlichen Phase nahm er dann eine für ihn sichere Position als Ausbilder an.

lich sämtliche genannten Ehrungen vorweisen konnte. Wie die U-Bootfahrer schlechthin wurde auch jener während der Wochenschauen publikumswirksam in Szene gesetzt und somit als „Held" gefeiert. Da er – sogar nach eigenen Angaben – in den entscheidenden Momenten meistens krank gewesen war, überlebte er den Krieg und erreichte nach dem Wirken als CDU-Politiker in seiner Heimatstadt Bremen das stolze Alter von 105 Jahren, während er den Leben seiner Opfer oft schon nach einem Fünftel dieser Zeit ein scheußliches Ende bereitet hatte. Im Gegensatz zu seinem Chef und Komplizen Karl Dönitz[15] wurde Hardegen für die verübten Verbrechen nie vor Gericht gestellt. Hier zeigt sich wieder die häufig zitierte Ironie der Justiz:

Wenn jemand hinter einer Hecke einer Person auflauert und diese beim Näherkommen niederschießt,

---

[15] Karl Dönitz (1891 – 1980) fungierte von September 1939 bis Januar 1943 als Befehlshaber der Unterseeboote sowie dann bis Ende April 1945 außerdem als Großadmiral und Oberbefehlshaber der Kriegsmarine. In die Marinegeschichte ging er vor allem durch seine dienstliche Anweisung ein, die Matrosen feindlicher Schiffe dürften nach deren Versenken durch die Besatzungen deutscher U-Boote als Folge des totalen Krieges *nicht gerettet* werden. Er führte des Weiteren aus, dass nicht nur die angegriffenen Schiffe, sondern genauso die darauf befindlichen Menschen ein Ziel seien. Für sein Wirken wurde er 1946 im Nürnberger Prozess gegen die Hauptkriegsverbrecher wegen der Durchführung von Angriffskriegen und damit „*Verbrechen gegen den Frieden*" zu zehn Jahren Haft verurteilt, die er vollständig absitzen musste. Nur durch Glück konnte sein Strafverteidiger die Todesstrafe wegen des „*Versenkens von feindlichen Handelsschiffen ohne Warnung*" abbiegen.
Selbst im hohen Alter hielt er stets verbissen und unbelehrbar an seiner lebensverachtenden Einstellung fest.

ist ein Gerichtsverfahren wegen Mordes mit entsprechender Verurteilung die konsequente Folge.

Wiederholt der Täter ein solches Verhalten noch weitere zehn Mal, bis er endlich verhaftet wird, kommt es wahrscheinlich zu der amtsärztlichen Bestätigung verminderter Zurechnungsfähigkeit mit anschließender Einweisung in eine geschlossene Nervenklinik.

Wer dagegen gleich mehrere hundert Menschen nach ganz ähnlicher Taktik ermordet, wird üblicherweise nicht einmal angeklagt, sondern erhält quasi als Ehrenmann noch eine Hand voll Orden für seine „heldenhaften" Taten.

Dietbert, der bis dahin keinerlei Schuld auf sich geladen hatte, ging die neue Aufgabe mit dem dazugehörigen Elan an. Seine Mannschaft bestand aus über fünfzig Leuten und einem zusätzlichen Beobachter, der von der Seefahrt nicht viel verstand, dessen Aufgabe es aber war, über die Linientreue unter den U-Bootleuten zu wachen und diese im Bedarfsfall möglichst stark einzuschüchtern.

Der Kommandant machte sich zunächst genauestens mit dem Boot vertraut und studierte besonders die Funkanlage höchst präzise. Dabei notierte er sich alle technischen Bezeichnungen der dort verbauten Röhren und besorgte sich vor dem Auslaufen einen gleichartigen Satz – zur Reserve, wie die offizielle Begründung lautete. Außerdem „organisierte" er noch zwei Kanister des hellgrauen Tarnlacks, in dem jedes der Boote ausgeführt war, sowie zehn Malerrollen mit langen Haltestangen zum Aufbringen desselben. In den aufbauenden Reden gegenüber den ihm anvertrauten und meist nur wenig jüngeren Männern wiederholte Dietbert im Wesentlichen die gängigen Parolen, die gleichsam ständig und überall im Land gedroschen wurden, womit er sich äußerlich nicht von dem abhob, was man von ihm erwartete.

Am Tag des Auslaufens gab es einen „großen Bahnhof" mit zahlreichen jubelnden Menschen, die ihre „Helden", welche ja als die *grauen Wölfe* – oder wie man hinter vorgehaltener Hand bald frotzelte *armen Hunde*" – immer noch in den Wochenschauen entsprechend hochstilisiert wurden, lautstark verabschiedeten und ihnen neben viel Glück eine siegreiche Heimkehr mit genügend erfolgreichen Abschüssen, also *fetter Beute*", wünschten. Auch ein paar ausgesucht hübsche Blitzmädel[16] mussten kleine Blumensträuße überreichen, die angesichts der späten Jahreszeit kaum selbstgepflückt sein konnten. Nach Seefahrerbrauch waren solche Gebinde beim Verlassen des Hafens ins Wasser zu werfen, weil ihr Behalten Unglück bringen würde. Dietbert hielt sich formell daran, behielt jedoch drei Blüten zurück, die er dann in einem Buch zwischen zwei Blatt Löschpapier presste. Der bis zum Schluss geheim gebliebene Einsatzbefehl beinhaltete zunächst ein möglichst unauffälliges Vordringen bis zu einer der Versorgungslinien mit anschließendem Aufspüren eines Konvoys, in dem die Handelsschiffe der Alliierten zusammen mit vier bewaffneten Geleitschiffen inzwischen den Atlantik überquerten, um ihre Risiken ein wenig niedriger zu halten. Daraufhin sollte im Rudel gemeinsam mit anderen über Funk herbeigeholten U-Booten eine große Zahl der angetroffenen Schiffe durch Torpedobeschuss versenkt werden. Das düstere Ziel solcher schauderhaften Aktionen war wie bereits im Ersten Weltkrieg die Störung der Belieferung Englands mit

---

[16] *Blitzmädel*" war die Bezeichnung für junge Frauen, die als *Wehrmachtshelferinnen* fungierten.
Anfänglich meldeten sich einige hoch begeisterte Mädchen noch freiwillig oder wurden von ihren Eltern dazu angestiftet.
Gegen Kriegsende rekrutierte sie das Regime allerdings zwangsweise.

Waren aus Amerika, weil man annahm, die gesendeten Güter könnten den Kriegsgegnern nützen.

Dietbert kannte sein eigentliches Vorhaben lange, bevor er den Schriftsatz geöffnet und gelesen hatte. Bis zur Wende in den offenen Atlantik verlief alles wie im (Einsatz-)plan vorgesehen. Dann ließ der Kommandant jedoch nicht nach Steuerbord abdrehen, sondern in sicherem Abstand zum Festland den Kurs entlang der westafrikanischen Küste beibehalten. Unmittelbar vor dieser Abweichung von der Vorgabe wurde auf seinen Befehl der letzte Funkspruch losgelassen, welcher lautete: *„Gefahr durch Rammen – Alarmtauchen".* Wie in der Theorie vielmals geübt, gab er das Kommando zum sofortigen Abtauchen und die Mannschaft war erleichtert, durch die Manövriertechnik des offenbar schon sehr erfahrenen Kommandanten einer Kollision entkommen und damit noch am Leben zu sein, denn ein über Wasser befindliches U-Boot ist ganz leicht durch den Rammstoß eines größeren Schiffs zu beschädigen, so dass es meistens kurz darauf mit allen Mann an Bord sinkt. Der Tauchvorgang gelang wie nach Lehrbuch und beinhaltete den Vorteil, dass niemand aus dem gesamten Team die freie Wasseroberfläche sah, auf der weit und breit kein Schiff zu erkennen war, von dem die verkündete Gefahr hätte ausgehen können, möglicherweise sofort gerammt zu werden. Daraufhin schickte Dietbert den Funker zur Ruhepause, indem er ihm das Wegtreten befahl, um selbst anschließend die Elektronikröhren der Funkstation gegen den von ihm erworbenen Satz auszuwechseln, den er allerdings zuvor so präpariert hatte, dass damit bestimmt das Funken keiner Silbe mehr funktionierte. Die Position des Bootes blieb somit vorerst die Geheimsache des Kapitäns, bis dieser sich einigermaßen sicher sein konnte, dass jeder des Bordteams auch hinter ihm stand, was bei einer Gruppe von mehr als fünfzig Mann, die einem erst seit kurzem bekannt sind, stets einen gewissen Risikofaktor bedeutet. Eine GPS[17]-Ortung gab es zum Glück noch lange nicht und mit dem Anblasen[18] ließ sich der Kommandant vorerst noch Zeit.

Dietbert wollte nicht warten, bis er mit peinlichen Fragen seitens der Besatzung konfrontiert wurde, sondern verfügte das Halten der erreichten Position und bat die Mannschaft einschließlich des „stillen Beobachters" um Gehör. Dann zog er seine Mütze vom Kopf und sprach einfach nur noch als Mensch:

„Wie ihr alle wisst, sollen wir, ohne dabei erkannt zu werden, in den nächsten zwei bis drei Wochen weit in den Atlantik vordringen, uns dort irgendwo auf die Lauer legen und auf vorbeikommende Schiffe mit möglichst großer Lademenge warten, auf die wir unter Wasser Torpedos abzuschießen haben, um die armen Leute, die uns überhaupt nichts getan haben, in einen sicheren und meist auch noch sehr qualvollen Tod zu schicken. Laut Befehl unseres zweitobersten Vorturners, diesem Onkel Karl, dürfen wir dann

[17] „GPS" bedeutet „**G**lobal **P**ositioning **S**ystem", also globales Positionsbestimmungssystem und basiert auf Satellitenkommunikation. Es ist seit etwa 1985 im Einsatz und dient der Ortung von Fahr- und Flugzeugen mit bis zu zehn Metern Genauigkeit. Seit Mai 2000 ist das System allgemein nutzbar und bildet die Grundlage für die Funktion des modernen Navigators im Auto und sogar der Navigations-Applikation im Smartphone.

[18] „Anblasen" heißt in der Fachsprache das Einleiten des Auftauchvorgangs. Dabei presst man die in einem Druckbehälter gespeicherte komprimierte Luft in die Tauchkammern, wodurch das dort befindliche Wasser durch Ventile nach außen gelangt und das Boot wegen des damit verbundenen Gewichtsverlusts wieder mehr Auftrieb gewinnt und an die Wasseroberfläche steigt.

noch nicht einmal jemanden retten, wenn er es aus der Feuerhölle bis nach draußen geschafft hat und sich auf dem eisigen Wasser verzweifelt an irgendetwas Schwimmfähigem festklammert. Ich würde mich zutiefst schämen, euch solche Befehle zu erteilen und ihr müsstet es nach der Ausführung ebenfalls tun. Wenn wir dann auftauchen, um uns daran zu ergötzen, was wir ‚Großartiges' angerichtet haben, werden wir von amerikanischen Schiffen beschossen und sinken kurz darauf selber; sollte es uns gelingen, wieder rasch abzutauchen, treffen uns die von oben auf uns fallen gelassenen Wasserbomben und wir sinken genauso, sofern eine davon unter uns losgeht. Will das wirklich jemand von euch? Ihr habt doch wahrscheinlich alle ein Mädchen, das vor dem Auslaufen zurückbleiben musste, das auf euch wartet, um euer Wohl bangt und das ihr vor allem auch gerne wiedersehen möchtet – oder irre ich mich da? Es gibt im Leben einfach Situationen, da muss man sich von dem sturen Militärsystem, dass der zuletzt erteilte Befehl gleichsam das Gebot Gottes ersetzt, lösen und den uns allen geschenkten eigenen Verstand einschalten. Dieser ist gewiss nicht dazu da, wie unser Boot momentan, ständig auf Tauchstation zu liegen, sondern will und muss benutzt werden – um uns selbst zu schützen und uns davor zu bewahren, Dinge zu tun, die uns zeitlebens leidtun müssten. Wie sagte doch der mittlerweile wegen seiner humorvollen und wahrheitsgemäßen Äußerungen längst mit Schreibverbot belegte Dichter Erich Kästner[19] so treffend: 'Bei jedem Unfug, der passiert, sind nicht nur die Schuld, die ihn tun, sondern auch diejenigen, die ihn nicht verhindern'. Das, was von uns verlangt

---

[19] Emil Erich Kästner (☼ 1899, † 1974) war ein deutscher Schriftsteller, Publizist und Drehbuchautor, der sich unter anderem ausgiebig mit der Jugendliteratur befasste.

wird, ist ganz bestimmt weit schlimmer als bloß ein simpler Unfug und dementsprechend sind wir dazu verpflichtet, so etwas zu unterlassen. Sollten wir nach dem uns abgeforderten ‚Werk‘ heil davonkommen, würde ich vielleicht einen Orden erhalten, wenn ich dieses Mörderspiel oft genug praktiziert hätte, und ihr ginget vermutlich außer einem Abend in der Hafenkneipe, wo man sich nach dem Aufladen von unermesslicher Schuld einmal für kurze Zeit sämtlichen Lastern hingeben könnte, vollkommen leer aus. So wie dieser Haudegen – Entschuldigung Hardegen, der uns bei jeder Gelegenheit als Vorbild hingestellt wird, bin ich nun zum Glück nicht. Ich empfinde noch eigene Verantwortung für euch, für mich und für das, was wir aus unserem Leben machen. Außerdem kann sich jeder von euch stets auf mich berufen und damit glaubhaft erklären, er habe lediglich aus ‚Befehlsnotstand‘ gehandelt oder vielmehr nicht gehandelt, denn das Kommando liegt schließlich allein bei mir.“

Jetzt brüllte der Beobachtungssoldat dazwischen: „Mann, ich bringe Sie vor ein Kriegsgericht!“

Dietbert antwortete ihm nur beinahe lakonisch: „Ja, darfste, wenn du hier unten eins findest!“

Die meisten sagten nichts und dachten vielleicht an ihre Freundinnen daheim, die sie alle tatsächlich gerne wiedersehen wollten. Auch Dietbert sandte gedanklich einen innigen Gruß an seine Jane. Ja, die gab es: Sie hieß eigentlich Johanna, war gerade neunzehneinhalb Jahre alt und lebte den – inzwischen natürlich offiziell streng verbotenen – "*American Dream*", weshalb sie nicht nur äußerlich nach Möglichkeit die amerikanische Mode anstrebte, sondern ihren Vornamen auch immer in der englischen Version nannte und aussprach. Sie hatte nach dem „Einjährigen", der heutigen mittleren Reife, zielstrebig eine Lehre als Zahnarzthelferin begonnen und arbeitete nun schon eine Weile zur vollsten Zufriedenheit des Arztes in diesem Beruf, der ihr großen Spaß machte, zumal sie es bestens verstand, auf die Patienten der unterschiedlichsten Mentalitäten stets gut einzugehen. Ihre Eltern waren beide im redaktionellen Bereich der zum Glück noch nicht vollkommen gleichgeschalteten Modebranche tätig und nahmen zu den politischen Verhältnissen im Lande eine eher kritische Haltung ein, die geradewegs zur Verschwiegenheit verpflichtete, wollte man sich nicht in äußerst unangenehme und teilweise sogar lebensbedrohliche Situationen hineinmanövrieren. Dietbert liebte Jane sehr, spürte jedoch instinktiv, dass diese Freundin in sein Elternhaus nicht passte; deshalb hatte er daheim nie von ihr erzählt und sie erst recht nicht mit dorthin gebracht. Die beiden jungen Leute lauschten dagegen gerne zusammen amerikanischer Swing-Musik, deren Schallplatten in stark gedämpfter Lautstärke mit Janes Grammophon abgespielt wurden, denn solche Art von Hörgenuss stand längst auch schon auf der Verbotsliste und konnte bei Verstoß sogar harte Strafen nach sich ziehen.

In den Köpfen der Mannschaft gab es freilich unterschiedliche Reaktionen: Während manche, die – im

Grunde wie Dietbert – seit ihrer frühesten Kindheit nichts anderes gehört hatten als die ihnen täglich einmassierten Parteiparolen und welche somit wohl tatsächlich dachten, sie hätten nun jene „heldenhafte Pflicht" zu tun und dabei ihr Leben blindlings aufs Spiel zu setzen, gab es durchaus auch andere, die wohl bereits insgeheim ahnten, dass der ach so sichere „Endsieg", von dem in den ständig über die zahlreichen Radioapparate, diesen so genannten Volksempfängern[20], verbreiteten „Führeransprachen" immer wieder geredet wurde, vielleicht entgegen allen Beteuerungen der stets so optimistisch klingenden Propaganda schließlich doch ausbleiben könnte, und sich auch ein paar Gedanken über ihre nähere sowie fernere Zukunft gemacht hatten, so dass ihnen die Ausführungen des Kapitäns eher einleuchteten, obwohl jeder geäußerte Zweifel an besagtem „Erfolg" als „wehrkraftzersetzender Defätismus" unter strenger Strafe stand.

Es verwundert, dass ausgerechnet Dietbert, der schließlich seit frühester Kindheit ein unfreiwilliges Tauchbad in der braunen Regimesuppe über sich ergehen lassen musste, darüber kritisch dachte und sich sogar traute, dies vollkommen offen zuzugeben. Der Grund lag ganz klar in der Überfütterung mit all den staatlich angeordneten „Weisheiten", was letztlich zum genauen Gegenteil von dem führte, das eigentlich von der Regierung sowie dem Elternhaus als deren verlängertem Arm beabsichtigt gewesen war. Der Beobachtungsoffizier gehörte natürlich aus innerster Überzeugung zu der ersten Sorte und eilte sogleich, nachdem er die Ansprache zur Kenntnis

[20] Der „Volksempfänger" war ein staatlich subventioniertes Radiogerät, das in jedem Haushalt stehen sollte, damit die „Führerreden" überall gehört werden konnten.

genommen hatte, in den Funkraum, um über den Vorfall Meldung zu erstatten. Unterhalb der Wasseroberfläche hätte das Boot allenfalls im Längstwellenbereich[21] Nachrichten *empfangen*, nicht jedoch aussenden können. Dank Dietberts Vorsorge ließ sich die Anlage jedoch ohnehin nicht aktivieren und daraufhin zweifelte der pflichtbewusste Gelegenheitsfunker an seinen Fähigkeiten und war überdies enttäuscht von der modernen Technik.

So setzte das U-Boot in der Verantwortung des Kommandanten seinen Kurs fort. Gefahren wurde hauptsächlich bei Dunkelheit, wobei jeder Matrose wenigstens für eine Viertelstunde von der Brücke aus seine Lungen mit frischer Meeresluft füllen konnte und auch die Akkumulatoren für den anschließenden Tauchgang während des folgenden Tages wieder aufgeladen werden mussten. Solange die Sonne schien, blieb man am liebsten unter Wasser, das einen guten Sichtschutz bot – ganz so, wie es in all den vorangegangenen Schulungen vermittelt worden war. Der Unterschied lag allerdings darin, dass nicht heimtückisch irgendwelchen fremden Schiffen aufgelauert wurde, sondern man es lediglich vermeiden wollte, von jemandem gesichtet zu werden, der dann vielleicht den Vorfall routinemäßig weitermeldete, wovon möglicherweise auch das OKM erfahren könnte. Nachts tastete sich die Crew unter ständiger Auslotung der Tiefe in langsamer Fahrt voran. Um den Verbrauch an kostbarem Dieselkraftstoff möglichst niedrig zu halten, achtete der Kommandant peinlich genau darauf, dass eine Geschwindigkeit von acht

[21] Gemeint sind besonders langwellige Funkfrequenzen im Bereich zwischen 3 kHz und 60 kHz, deren Wellen bis zu 20 m unter die Wasseroberfläche dringen sowie Distanzen bis über 10 000 km überwinden können.

Knoten[22] nicht überschritten wurde. Das Team über-
querte schließlich den Äquator und bewegte sich
weiterhin kontinuierlich in Richtung Süden vor. Dabei
lieferte die afrikanische Küste die hauptsächliche Ori-
entierungshilfe. Nach dem Passieren des Kaps der
Guten Hoffnung ging es noch bis Kapstadt auf dem
eingeschlagenen Kurs und dann immer mehr in Richtung Osten, wofür eine Änderung nach Backbord erforderlich wurde.

Ein Problem stellten die 22 scharfen Torpedos an
Bord dar, von denen jeder mit einer Masse von eineinhalb Tonnen das Gewicht eines größeren PKWs
aufwies. Was sollte mit diesen stets abschussberei-
ten Dingern geschehen, die wirklich vollkommen
nutzlos und gleichzeitig hoch gefährlich waren, da
sich in ihnen eine Menge Sprengstoff befand? Den
Gedanken, jene Teile, in denen so viel Ingenieurs-
kunst steckte, welche sich bestimmt für viele Projekte
hätte *sinnvoll* einsetzen lassen können, einfach
nacheinander in das offene Meer zu schießen, sobald nirgends ein Schiff in Sicht war, verwarf der
Kommandant schnell wieder, denn er wusste natürlich, dass Ende 1944 die deutsche Waffenproduktion
bereits hauptsächlich durch Zwangsarbeiter aufrecht
erhalten wurde, welche man offiziell beschönigend
als *„Fremdarbeiter"* bezeichnete und die bestimmt
kein Interesse daran hatten, dem Regime, das sie
täglich peinigte und in sehr vielen Fällen durch bruta-
le Ausbeute sogar zugrunderichtete, auch noch engagiert zuzuarbeiten. Die Folge waren zahlreiche Sabotageakte nach dem Prinzip der im Einzelfall meist
vollkommen unauffälligen Nadelstichtaktik: So mon-

---

[22] In der Einheit *„kn"* (**Kn**oten) wird die Geschwindigkeit
eines Wasser- oder Luftfahrzeugs gemessen.
Entsprechend der Definition einer Seemeile gilt:
1 kn ≈ 1,852 km/h

---

tierte man das Stabilisierungsleitwerk eines Torpedos „nur aus Versehen" ein ganz klein wenig schräg, so dass das Ding nach dem Abschuss nicht genau geradeaus, sondern auf einer ausgedehnten Kreisbahn dahinschoss. Die Folge war, dass einerseits das angepeilte „Ziel" verfehlt wurde und zum anderen jenes todbringende Objekt nach dem Durchjagen eines großen Kreises wieder an seiner Abschussstelle eintraf und dann möglicherweise mit der gesamten Wucht das eigene Schiff traf, das dabei versenkt wurde. So entschloss sich Dietbert, die Torpedos einfach unberührt in ihren Schächten zu lassen, wobei man nur hoffen konnte, dass sie auch in dieser Ruhe blieben.

Nach gut einer Woche waren die südlichen Ausläufer Afrikas erreicht und der Kapitän studierte die Karte, um eine geeignete Stelle für den Landgang zu suchen. Er entschied sich für einen Bereich zwischen den Küstenstädten Mossel Bay und Port Elizabeth ziemlich nah an der Grenze zwischen Westkap und Ostkap. Da der angesteuerte Teil Afrikas zur Südhalbkugel gehört und deshalb unsere Jahreszeiten andersherum ablaufen, also Sommer und Winter vertauscht sind, gab es gegen Jahresende hochsommerliche Temperaturen und das längliche graue Ding, das nicht den geringsten Nutzen erfüllte, sondern einzig und allein dazu konzipiert war, möglichst viel kaputt zu machen, wurde behutsam durch die Flachwasserzone in Ufernähe manövriert, bis man den Strand problemlos mit bloßem Auge erkennen konnte. Dort ließ der Kapitän zu einem Zeitpunkt etwa in der Mitte zwischen Flut und Ebbe vorsichtig auf Grund setzen und den Anker werfen, so dass lediglich die Brücke mit ihrer Austrittsluke aus dem Wasser ragte. Beim Landemanöver kam es vor allem darauf an, das 76,76 Meter lange Boot nach Möglichkeit an jeder Stelle gleichmäßig zum Aufliegen am Sandboden des Meeres zu bringen, um Spannungen zu vermeiden, welche bei der Eigenmasse von 1144 Tonnen die Stabilität der Rahmenkonstruktion hätten empfindlich gefährden können. Durch diese Taktik bestand während einer Flutphase immer noch die Chance zu einem erneuten Ablegen. Die Besatzung evakuierte er bis auf zwei Mann in den hässlich olivgrünen Schlauchbooten, die zur Ausstattung des Killerinstruments gehörten. Es folgte noch die Anweisung, außer einem Buschmesser keinerlei Waffen mitzunehmen und sämtliche Kleidung an Bord zu lassen, die an Uniformen erinnere, wozu der warme Vormittag ohnehin einlud. Er schärfte außerdem seinen Leuten ein, dass man sich im Gegensatz zu früheren Instruktionen nun *„auf Freundfahrt"* befinde und daraufhin jeder einzelne angetroffene Mensch zunächst mit einem freundlichen Lächeln zu begrüßen sei. Die ihm entgegengebrachten Bedenken, dass das doch *„bloß schwarze Untermenschen"* seien, die der *„weißen Herrenrasse"* bedingungslos zu gehorchen hätten, wies er fast amüsiert zurück und sagte dazu, alle in eine Welt geführt zu haben, die hoffentlich weit freundlicher als die ein paar Wochen zuvor zurückgelassene sei, in welcher es ausschließlich darum gehe, sich durch den Einsatz von größtem Gewaltpotential weltweit möglichst viele Feinde zu schaffen, und so etwas strebe er ganz gewiss nicht an.

In beinahe scherzhaft-schelmischem Ton fügte er hinzu:
„Wir können alle wirklich froh darüber sein, dass uns das Schicksal der U-Bootflotte zugeteilt hat, denn wir wären niemals derart unauffällig so weit gekommen, wenn wir zum Beispiel in Panzern säßen und uns mit einem horrenden Kraftstoffverbrauch über Land hät-

ten voran quälen müssen. Bei der Luftwaffe wäre ebenfalls keinerlei Erfolgschance vorhanden gewesen, denn auch diese Dinger haben viel zu wenig Reichweite und fallen unnötig auf, wenn sie unterwegs sind.

Machen wir also aus der guten Gelegenheit nach Möglichkeit das Beste!'

Ein ganzes Jahr Ferien

Die ersten Schlauchboote erreichten das Ufer und der Blick fiel auf ein riesiges dunkelgrünes Maisfeld, das in der leuchtenden Sonne besonders saftig wirkte sowie eine friedliche Ruhe ausstrahlte. Die Gummiboote wurden an Land gezogen und es blieben auch hier zwei Mann zur Bewachung zurück. Von einheimischen Menschen war zunächst nichts zu sehen, bis sich hinter der weiten Maisplantage eine Gruppe dunkelhäutiger Bauern ausmachen ließ, die mit ihren Mauleseln[23] vorbeizogen. Dietbert erinnerte seine Leute nochmals an den freundlichen ersten Eindruck, den man erwecken wolle, und suchte dann die Begegnung mit den Herren des fremden Kontinents. Diese fiel in etwa so aus wie bei Kindern, die einander zufällig auf dem Spielplatz begegnen und in unterschiedlichen Sprachen kommunizieren: Sofern der gute Wille vorurteilsfrei auf beiden Seiten besteht, gelingt auch selbst dann eine Kontaktaufnahme, wenn die Persönlichkeiten noch so verschieden sind. Die Bauern erkannten schnell, dass jene andersartigen Gestalten in friedlicher Absicht unterwegs waren und führten die Seefahrer zu einer kleinen Siedlung, deren Gebäude ausschließlich aus ganz einfach gebauten Hütten bestanden, in denen die naturverbundenen Bewohner lebten und ihren Tieren einen sicheren Schutz boten. Man saß in großer aufgelockerter Runde beieinander und verzehrte einige Früchte, welche die meisten der Gäste gar nicht kannten, die aber nach der schon ziemlich lan-

---

[23]   Für Maulesel gilt: „Esel als Mutter, Pferd als Vater", während es bei einem Maultier genau umgekehrt ist. Beide Wesen sind sehr gutmütig und haben lange Ohren wie die Hausesel. Lediglich die weiblichen Nachkommen sind gelegentlich später selber fortpflanzungsfähig.

gen Essenspause durchwegs sehr guttaten, zumal die Schiffsverpflegung mangels moderner Konservierungstechniken zum Teil bereits beinahe ungenießbar war. Als nach einer Weile noch weitere Bauern mit ihren Mauleseln eintrafen, fiel es einigen der Fremden auf, dass einer der treuen beige-grauen Begleiter lahmte und offensichtlich Schwierigkeiten hatte, die letzten Schritte bis zur Unterkunft noch zurückzulegen. Dietbert bat den Sanitätsoffizier, sich die Beine des guten Tieres einmal anzusehen und nach Möglichkeit zu helfen. Die Diagnose war rasch gestellt und brachte eine Gelenkentzündung zutage, die medikamentös behandelt werden musste. So ruderten alsbald zwei Mann zu dem vor dem Strand wartenden U-Boot und brachten bei ihrer Rückkehr das benötigte ärztliche Gerät mit. Anschließend kümmerte sich der Sanitäter um seinen vierbeinigen Patienten, während andere das liebe Wesen in den entscheidenden Momenten durch zusätzliche Portionen von Streicheleinheiten abzulenken und ein wenig zu beruhigen versuchten.

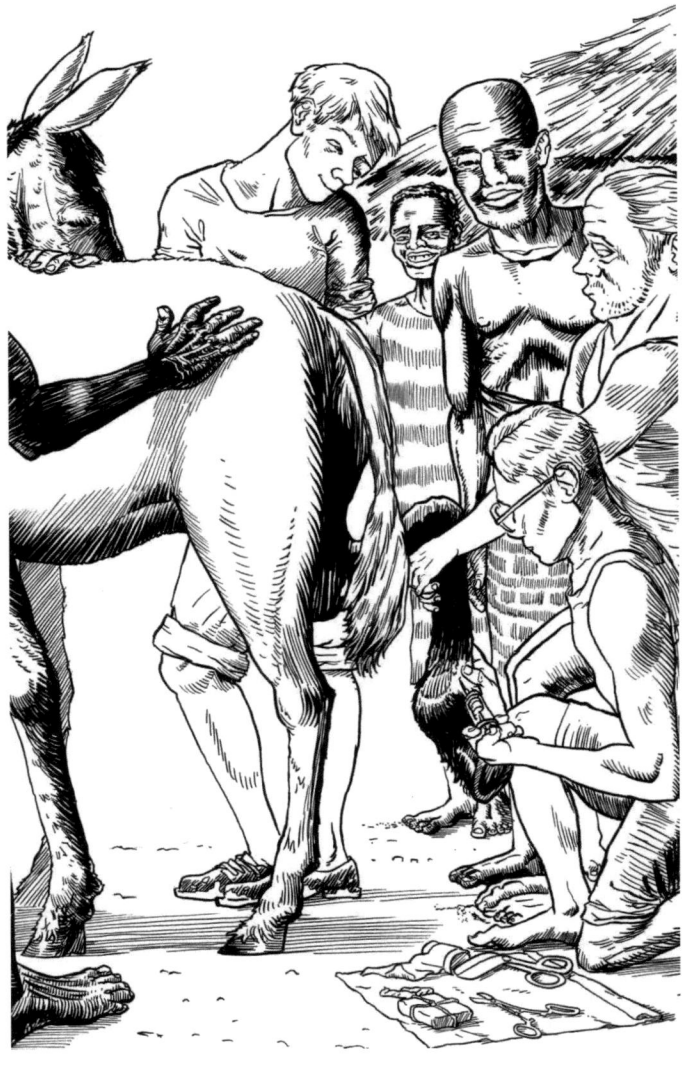

An diese Art Einsatz hatte der Sanitätsmann bei seiner Ausbildung bestimmt nicht gedacht, aber er empfand große Freude, während der nächsten Tage die Fortschritte beobachten zu können. Es schien bei der Bevölkerung auf vollkommenes Verständnis zu stoßen, dass ihr fleißiger tierischer Helfer für einige Zeit geschont werden musste, wobei alle über die geschickt ausgeführten Handgriffe sowie die dafür benutzten Gerätschaften staunten, als sie bei der Behandlung zusahen. Nach einer Woche waren die Entzündung und die damit in Zusammenhang stehende Schwellung am Oberschenkel des rechten Hinterbeins bereits deutlich abgeklungen und der Patient konnte schon wieder ein paar Schritte gehen, ohne dabei Schmerzen zu spüren. Nach einer weiteren Woche der Genesung nahm man ihn erneut vorsichtig mit auf die Felder und das treue Tier half wie eh und je geduldig beim Heimtragen der Ernte – allerdings noch mit wesentlich weniger Last.

In der Plantage gab es durchaus noch weitere Ansatzpunkte für die Hilfe der weißhäutigen Neuankömmlinge: So waren manche der mit einfachsten Mitteln gefertigten Werkzeuge zur Bearbeitung des Bodens nicht mehr so ganz auf dem technischen Beststand, was eine Herausforderung für den Maschinisten bedeutete. Werkzeug sowie ein paar passende Schrauben fanden sich an Bord des grauen Riesen und wurden beim nächsten Aufsuchen des „Stützpunkts" geholt; so erwies sich wenigstens ein kleiner Teil der dort vorhandenen Ausstattung doch noch als nützlich und brauchbar. Die Einheimischen zeigten sich richtig begeistert über die Möglichkeiten, welche im Grunde so simple Werkzeuge wie Hammer, Bohrer, Zange, Feile und Schraubendreher herbeizauberten.

Schließlich entwickelte sich zwischen den Menschen, die lediglich „mit Händen und Füßen" auf einfachstem Niveau miteinander kommunizieren konnten, tatsächlich eine Art Symbiose: Die Eingeborenen profitierten von den handwerklichen und medizinischen Fähigkeiten ihrer Gäste, während diese so weit mit gesunder Nahrung versorgt wurden, dass niemand Hunger leiden musste.

Die Wache an Deck des auf Grund gesetzten Kolosses sowie an den Schlauchbooten wechselte turnusmäßig jeden Tag, wobei ebenso der Kommandant ohne jeden Unterschied zur Mannschaft seinen Teil beitrug, was ihm bei den Leuten große Achtung einbrachte. Regelmäßig wurden die beiden MAN-Dieselmaschinen hochgefahren, welche auch den Bordgenerator antrieben, um sämtliche 124 Akkuzellen erneut nachzuladen, so dass die Elektrik ständig einsatzbereit blieb. Wenn Dietbert wieder einmal in seinem offiziellen Wirkungsbereich Dienst tat, setzte er die gut verwahrten und funktionsfähigen Röhren in das Funkgerät ein und schaltete auf Empfang, um an ein paar Informationen über das zu gelangen, was fast 10 000 Kilometer entfernt in der Heimat abging, und wie weit man sich dort mittlerweile von dem als so sicher proklamierten „Endsieg" bereits entfernt hatte. Die zuverlässigsten Informationen wurden über Radio BBC[24] ausgestrahlt, dessen Abhören daheim

[24] "*BBC*" bedeutet "**B**ritisch **B**roadcasting **C**orporation" (britisches Rundfunkunternehmen) und verkörpert eine noch heute existierende öffentlich-rechtliche Rundfunkanstalt des Vereinigten Königreichs von Großbritannien und Nordirland.
Während des Zweiten Weltkriegs informierte diese Sendeanstalt die deutsche Bevölkerung in deren Sprache über die außenpolitische Situation und hebelte damit für diejenigen, die sich trauten, einen *„nicht großdeutschen"* Sender zu hören, weitgehend die Propagandaparolen der Reichsregierung aus.

deshalb unter Androhung von Gefängnisstrafen für so genannte Rundfunkvergehen streng verboten war. Verständlicherweise ließ sich dieser Sender aufgrund der Entfernung nicht über U-Bootfunk einstellen, obwohl ein Radiogerät „zur Unterhaltung" an Bord existierte.

Sobald es die Gezeiten erlaubten, ließ der Kapitän die weißen Buchstaben und Ziffern an sämtlichen Außenseiten des Bootes mit dem vorsorglich bereitgehaltenen grauen Lack übertünchen, so dass das von Dietbert befehligte Monster nun nummernlos und folglich auch namenlos an der Küste lag, was die Wahrscheinlichkeit für ein Aufspüren entscheidend reduzierte. Bei jedem Arbeitsgang stand er nicht nur als eine Art Aufpasser daneben, sondern packte stets im selben Maße zu, wie es seine Matrosen taten. Dadurch kam ein positiver Teamgeist auf, der die Gruppe zusammenhielt und auch in der Folgezeit für ein effektives Kooperieren mit fundiertem Vertrauensverhältnis sorgte.

Besuch in der Höhle des Löwen

Jane war die einzige Person, der Dietbert so vertraute, dass er mit ihr vor seinem *Kampfeinsatz* über das eigentliche und nur von ihm selbst gewählte Reiseziel im Flüsterton gesprochen hatte. Sein letzter Funkspruch stand bei der Zentralstelle im Protokoll. Weil danach keine Meldungen oder Reaktionen mehr eingetroffen waren, schien festzustehen, dass Dietberts Boot einem feindlichen Rammangriff zum Opfer gefallen sein musste und nach den aus Erfahrung bekannten Gesetzen der KM[25] wohl mit an Sicherheit grenzender Wahrscheinlichkeit keiner der Mannschaft mehr am Leben sein konnte. So erfuhr auch der Vater als einer der ersten davon und fühlte hauptsächlich große Enttäuschung. Was hätte er doch gerne noch für Heldentaten von seinem Sohn zu hören bekommen? Dieser war nach der so geradlinig verlaufenen Ausbildung jetzt offenbar im entscheidenden Moment nicht aufmerksam genug gewesen. Eine andere Erklärung für so ein Missgeschick gab es für den alten Seebären nicht und jeder müsse nun einmal seine Erfahrungen selber machen sowie dabei stets wachsam bleiben. Die Mutter war über die furchtbare Nachricht natürlich zutiefst bestürzt, durfte aber ihre Gefühle dem Mann gegenüber kaum zeigen. Deshalb erhielt sie von dessen Seite auch keinerlei Trost und die saloppen Worte, das sei halt eben die Auslese, welche das Leben treffe, taten ihr eher noch mehr weh.

Als sich Jane drei Wochen nach dem Ablegen ausrechnete, dass der ihr anvertraute letzte Funkspruch nach Plan abgesetzt worden sein musste, versetzte sie sich gedanklich in die Rolle von Dietberts Mutter

---

[25] „*KM*" war die gängige Abkürzung für „**K**riegs**m**arine".

und ahnte dabei, wie diese Frau nun seelisch leiden musste. So etwas wollte und konnte sie nicht wider besseres Wissen einfach hinnehmen und suchte die Familie deshalb an einem Abend während der Adventszeit spontan auf.

Die Hausangestellte öffnete und fragte gemäß ihren Instruktionen höflich, wen sie melden dürfe. Jane nannte ihren Namen und fügte sofort hinzu, der gnädigen Frau, die sie gerne kurz sprechen wolle, bislang nicht bekannt zu sein. Dann trat Herr v. Harnisch hervor, da er den ersten Kontakt mit einem fremden Besucher als Haushaltungsvorstand lieber selber vollzog, anstatt dies seiner eher unbedarften Frau zu überlassen, als die er sie immer gerne ansah, und die außerdem seit der Nachricht über den Sohn ohnehin meist unpässlich wirkte. Er musterte die Besucherin, die so ganz und gar nicht in sein Schema passte, wie ein sittsames treu deutsches Mädel auszusehen habe. Stattdessen blickte ihn ein trotz seines jungen Alters entgegen den ungeschriebenen Anordnungen der Regierung bereits stark geschminktes Gesicht mit knallroten Lippen sowie Kurzfrisur an, das spürbar sein Missfallen erregte. Als er dann noch einmal barsch nach dem Namen fragte und als Vorname ausgerechnet in perfekter englischer Aussprache *"Jane"* zu hören bekam, wollte er den Eindringling am liebsten sofort wieder über die vereisten Stufen der Eingangstreppe in die winterliche Kälte nach draußen schicken, denn dieses Wort wirkte auf ihn in Verbindung mit dem äußeren Eindruck wie eine unverschämte Provokation. In dem Moment betrat die Mutter den Raum, welche von der Angestellten über den Besuch in Kenntnis gesetzt worden war. Es kam zu einer Begrüßung zwischen den beiden so verschiedenen Frauen und Jane äußerte in ruhigem Ton, den Sohn Dietbert zu kennen.

„*Wollen Sie Meldung erstatten?*" rief der Hausherr äußerst hart dazwischen, als wäre er auf dem Kasernenhof.

Jane, welche Frau v. Harnisch' rechte Hand noch immer in der ihren hielt, sagte nur freundlich: *„Verlieren Sie bitte die Zuversicht nicht! Ich habe auch keine Kenntnis darüber, wo Dietbert jetzt ist, aber es läuft momentan so vieles durcheinander, dass man nie ganz sicher sein kann, wie alles zusammenhängt. Hoffen Sie also vorerst weiter!"* Auch umgekehrt hielt Rosalinde Janes Hand und überdeckte dabei bewusst die modisch betonten Fingernägel, um den Zorn ihres Mannes nicht weiter eskalieren zu lassen. Der Zustand, in dem sich die Mutter gerade befand, lässt einen förmlich nach jedem Strohhalm greifen; somit taten ihr diese paar unverfänglich gehaltenen Worte einer völlig Fremden doch irgendwie gut und sie fühlte neben der kleinen Abwechslung im ansonsten trostlosen Alltag sogar eine winzige Erleichterung, weil diese so junge Person, die das Leben noch vor sich hatte, ihr Mut spendete und offenbar mit Dietbert in irgendeiner freundschaftlichen oder zumindest kameradschaftlichen Beziehung stand. Daraufhin empfand sie direkt eine spontane Sympathie zu jenem Mädchen, das äußerlich so vollkommen anders wirkte als die betont schlichte und geradezu farblose Frau mittleren Alters, deren einziges Ziel es nach der Heirat stets gewesen war, den Anforderungen ihres Gebieters so gut und präzise wie nur irgend möglich entgegenzukommen.

Dieser blieb dicht in der Nähe, ließ die Fremde nicht aus den Augen und forschte weiter: *„Was wissen Sie genau über unseren Sohn und wie kommen Sie dazu, im Zusammenhang mit der Marine von einem ‚Durcheinander' zu reden, wo es überhaupt keine Institution auf der Welt gibt, in der jede Kleinigkeit so geordnet vor sich geht wie eben dort?"* Jane antwortete nur diplomatisch: *„Ich weiß überhaupt nichts, aber ich habe meine Hoffnung noch nicht aufgegeben. Mein Bruder, der an der Schule Latein hatte,*

*sagte öfter ‚dum spiro spero‘[26] in meiner Gegenwart –
einen Spruch, den ich mir daraufhin merken konnte.*" Damit war die Situation halbwegs entschärft und Frau v. Harnisch bat ihre Haushilfe, der Besucherin ein bisschen vom Adventsgebäck mitzugeben, welches diese mit freundlichem Dank gerne annahm, denn so etwas gab es in jener kargen Zeit gewiss nicht mehr im Überfluss. *„Nur nicht zu viel!"* rief der Herr des Hauses hinterdrein und so wurde Jane verabschiedet.

Sobald sie aus dem Haus war, polterte er los: *„Diese Amischickse kommt mir bestimmt kein zweites Mal über unsere Schwelle. Es ist eine Schande, dass sich Dietbert als deutsch erzogener Mann mit so einer Person offenbar abgegeben hat. Warum weiß ich davon eigentlich überhaupt nichts? Hat er dir etwas erzählt, bevor er in See stach?"* Die Frage musste mit einem klaren Nein beantwortet werden, obwohl sie furchtbar bohrend und drängend, ja sogar drohend, gestellt worden war.

Jane spürte noch kaum die Gefahr, der sie sich bei ihrem Besuch gleichsam in der Höhle des Löwen ausgesetzt hatte, denn unter den gegebenen Umständen war sie alleine durch ihr Mitwissen und die verständlicherweise nicht erstattete Anzeige in hohem Maße straffällig geworden, was während der damaligen Diktatur freilich keine Ordnungswidrigkeit bedeutete, sondern härteste Sanktionen bis hin zum Todesurteil nach sich ziehen konnte. Manchmal handelt man eben mehr aus dem Bauchgefühl heraus, möchte jemandem helfen und verkennt dabei den Ernst der Situation sowie die Gefahr, die drohend über einem schwebt.

[26] Solange ich atme (= lebe), hoffe ich.

Der neue Alltag

In Südafrika hatten sich die so verschiedenen Menschen inzwischen recht gut aneinander gewöhnt und der Alltag pendelte sich allmählich harmonisch ein, weil man einander half, wo immer dies möglich war. Auch der Sanitäter konnte noch ein paar Mal erfolgreich eingreifen, wenn sich ein Bauer bei der Erntearbeit verletzt hatte.

Selbst der in die Mannschaft eingeschleuste Beobachter integrierte sich allmählich und sah schließlich keine Möglichkeit, an seine Einsatzzentrale zu melden, wie sich die Situation entwickelt hatte. Zum einen stand die Funkanlage nur noch für den Kapitän zur Verfügung, der als einziger Zugang zum intakten Röhrensatz besaß, und außerdem wäre von dem derzeitigen Standort aus allenfalls ein Funk*empfang* machbar gewesen, nicht aber ein Senden, wozu Antennengrößen erforderlich waren, über die das Boot einfach nicht verfügte. Ob er letztlich Erleichterung darüber empfand, dank Dietberts Initiative doch die Spur realer Hoffnung für eine Zukunft ohne den Nationalsozialismus zu haben oder ob er so verbohrt vor sich hin pfriemelte, dass jener *„Endsieg"* für ihn unumstößlich schien, da man dies ja laut unausgesprochenem Führerbefehl eben einfach zwangsweise glauben *musste*, konnte nie ganz aufgeklärt werden.

Der Kommandant fischte über Funk nach und nach möglichst viele Nachrichten aus der Heimat ab, bis endlich am 11. April 1945 der starke Längstwellensender Goliath[27] nicht mehr arbeitete und somit die –

---

[27] Die riesige Sendeanlage mit guter Erdung dank der Bodenfeuchte stand in Calbe (heute Kalbe im Altmarkkreis Salzwedel in Sachsen-Anhalt) an der Milde.

ohnehin meist geschönten – Informationen ausblieben. Dies ließ sich irgendwie als Indiz für den ersehnten „Anfang vom Ende" werten, aber sicher war dadurch noch gar nichts.

Auf keinen Fall wollte man es darauf ankommen lassen, einfach fröhlich wieder die Heimat anzusteuern und dabei lediglich darauf zu *hoffen*, dass das bislang quasi allmächtige Regime mittlerweile durch die Siegermächte aus den Angeln gehoben worden sein könnte und die Heimkehrer aus dem selbst gewählten Schutzgebiet als vernünftige Leute angesehen würden, welche vollkommen richtig gehandelt hätten. Ebenso konnten die letzten Zuckungen der Unrechtsregierung noch in vollem Gange sein, was bei einer übereilten Rückkehr für sämtliche Beteiligten zu lebensgefährlichen Konsequenzen führen müsste.

Somit beschloss Dietbert Ende Mai 1945, als in Südafrika allmählich der Herbst einzog, sich zusammen mit einem Begleiter aus seiner Mannschaft nach Mossel Bay oder Port Elizabeth aufzumachen, um an die dringend benötigten Informationen heranzukommen. Wo die Chancen nun größer waren, wusste niemand und so wollte man den Zufall zu Hilfe nehmen und die Entscheidung danach treffen, in welche Richtung sich zuerst eine Mitfahrgelegenheit anbot. Vor dem Aufbruch wurden aus alten Kartons zwei Pappschilder angefertigt, auf die man in deutlichen Buchstaben je einen Städtenamen schrieb. Der erste Abschnitt des Weges führte auf eine unbefestigte Fernstraße, die beide Orte miteinander verband und auf der im Schnitt zumindest ein Lastwagen pro Stunde vorbeikommen sollte. Näherte sich ein Fahrzeug, das in Richtung Mossel Bay unterwegs sein konnte, wurde dem Fahrer das Schild mit diesem Namen fragend entgegengehalten, kam ein Wagen aus der anderen Richtung, wechselte man die Straßenseite und präsentierte die zweite Aufschrift. Die Wartezeit war mit guten Gesprächen über die Situation sowie das, was man für die kommenden Jahre alles geplant hatte, perfekt ausgefüllt. Nach einer Anlaufphase von gut sechs Stunden im kühlen Schatten eines mächtigen Baumes hielt tatsächlich ein LKW, dessen Fahrer abstoppte und freundlich sowie mit fragendem Blick aus dem Seitenfenster schaute. Dietbert ging ein paar Schritte auf ihn zu, um ihm mit kollegialer Körpersprache sein Anliegen vorzutragen. Tatsächlich bot der hilfsbereite Einheimische den beiden Männern eine Aufsitzmöglichkeit auf der Ladefläche an, wo sich zwischen den Mengen an Obst zwei einigermaßen sichere Plätze finden ließen.

Damit war der erste Akt zwischenmenschlicher Diplomatie auf der anstehenden Mission erfolgreich verlaufen, was wieder einmal ein Zeichen dafür setzte, dass unterschiedliche Rassen und Kulturen durchaus kein Hindernis für eine Kommunikation auf einfacher Basis darstellen müssen.

Die Ladung war in abenteuerlicher Höhe gestapelt und so entschieden sich die beiden Mitfahrer lieber für Stehplätze, um im Falle des Umstürzens von einem der Obstberge nicht zu tief unter diesem zu liegen zu kommen. Die ständigen Stöße aufgrund der Sandstraße mit ihren zahlreichen Unebenheiten sowie des Lastwagens, dessen beste Tage nicht nur bereits weit zurück lagen, sondern in dem wahrscheinlich auch gar keine Stoßdämpfer mehr eingebaut waren, verlangten den Fahrgästen schon beinahe tänzerische Fähigkeiten ab, um die ganzen Schwankungen permanent durch geschickte Körperverlagerung abzufangen. Unter Platzangst litten die U-Bootfahrer nicht, denn in so einem engen Ding besteht schließlich ebenfalls nicht mehr Bewegungsfreiheit als auf einer Ladefläche zwischen Haufen von Obst. Den Unterschied machte allerdings die wesentlich bessere Luft aus, in der man außerdem den blauen Himmel mit der afrikanischen Sonne sehen und genießen konnte – Privilegien, die U-Bootmännern in aller Regel nicht zugutekommen. In ihrer unerwarteten Freude über die lang ersehnte Fahrgelegenheit hatten beide überhaupt nicht darauf geachtet, in Richtung welcher der beiden Städte die Reise nun eigentlich ging. Somit blieb das Ziel immer noch Überraschung. Nach mehreren Stunden mit häufigen Unterbrechungen zum Abladen, wobei die Passagiere jedes Mal kräftig mit zupackten und sich der zur Verfügung stehende Platz schrittweise vergrößerte, erkannte man für den Bruchteil einer Sekunde ein Ortsschild, das auf Port Elizabeth hindeutete. Am Zielpunkt in der für südafrikanische Verhältnisse riesigen Stadt verabschiedete man sich und Dietbert schenkte dem Fahrer für seine Freundlichkeit eines der Werkzeuge, das in der Kiste des Maschinisten doppelt vorhanden war und welches er eigens als „Tauschkapital" mitgenommen hatte.

Jetzt standen die zwei Kollegen vor der schier unlösbaren Aufgabe, in einer vollkommen fremden Stadt, mit deren Bewohnern keine verbale Kommunikationsmöglichkeit bestand, den Weg zu irgendeiner Zeitungsredaktion zu finden. Dort würden manchmal aktuell gedruckte Blätter aushängen, aber in was für einer Sprache wären diese geschrieben und konnten vielleicht aus den Fotos Rückschlüsse auf die darunter stehenden Texte geschlossen werden?

Wie manchmal im Leben, half ein glücklicher Zufall: Als man einen Mann mit dem Aussehen, das an einen Europäer erinnerte, einfach freundlich ansprach, stellte sich heraus, dass dieser die deutsche Sprache beherrschte, was in Afrika aufgrund der noch keine drei Jahrzehnte zurückliegenden Kolonialzeit gar nicht so außergewöhnlich erschien – zumindest nicht in einer größeren Stadt wie Port Elizabeth. Der Herr erzählte von sich aus, dass in der fernen Heimat jener „Führer" nicht mehr am Leben sei. Dabei spielte es keine große Rolle, dass dessen feiger Selbstmord gemeinsam mit seiner Frau nach eineinhalbtägiger Ehe, um sich der Verantwortung für all das zu entziehen, was er während seiner zwölfjährigen Schreckensherrschaft alles angerichtet hatte, die nach eigenem Plan eigentlich etwa hundert Mal so lange hätte dauern sollen, von der Propaganda noch als eine Art „Heldentod" inszeniert wurde. Wichtig schien, dass sich nun endlich das ersehnte Ende abzeichnete und so die gleichsam „im Untergrund" erfolgte Umdichtung des damals in Deutschland populären Schlagers tatsächlich Wahrheit geworden war: „*Es geht alles vorüber, es geht alles vorbei, zuerst Adolf Hitler, dann seine Partei*". Aufgrund des politischen „Führertestaments" hatte Karl Dönitz als bisheriger Großadmiral für die letzten Tage des Regimes das Amt des Reichspräsidenten angetreten – allerdings weitgehend ohne Reich, weil davon ja schließlich nicht mehr viel zur Disposition stand. Diese Zeit kurz vor seiner Verhaftung durch die Siegermächte war von dem Kriegshetzer zunächst für weitere feurige Reden genutzt worden, die mit den üblichen abgedroschenen Durchhalteparolen gespickt, aber angesichts der unverkennbaren Situation auf immer weniger Akzeptanz gestoßen waren. Am 4. Mai hatte er dann über Funk den noch verbliebenen U-Bootfahrern befohlen, ihre Kampfhandlungen einzustellen. Mit der Unterzeichnung der bedingungslosen Kapitulation war der Zweite Weltkrieg in der Nacht vom 8. zum 9. Mai 1945 wenigstens in Europa zu Ende gegangen.

Die Rückreise zu den fremdartigen Freunden an der Küste verlief weit weniger abenteuerlich als die Hinfahrt, weil der LKW, dessen Fahrer sich freundlicherweise zur Mitnahme der beiden weißen Männer bereit zeigte, fast unbeladen unterwegs war, so dass das einzige Problem darin bestand, sich auf der großen freien Fläche einigermaßen festzuhalten, um nicht bei einem unerwarteten Ruck irgendwo gegen zu stoßen und sich dabei zu verletzen. Dank der eingeübten Jongliertechnik ging alles gut und nach dem Abspringen am Ziel wechselte ein weiteres begehrtes Werkzeug seinen Besitzer. Man möge sich einmal das verdutzte Gesicht des obersten U-Bootstrategen vorstellen, wenn er erfahren hätte, in wessen Hände Teile der Ausrüstung von einem seiner langjährigen Spielzeuge eines Tages gefallen waren.

Da keinerlei Klarheit darüber bestand, wie lange die Nachwirkungen der Diktatur noch andauern würden, bis es den Siegermächten gelänge, wieder halbwegs geordnete Rahmenbedingungen zu schaffen, entschied sich Dietbert, noch bis zum Jahresende mit der Rückreise zu warten. So erlebte die Mannschaft auch die Winterzeit, die sich natürlich vollkommen anders gestaltete als nach den Erinnerungen, die mit dieser Phase verbunden werden, wenn man in Mitteleuropa aufgewachsen ist. Nach afrikanischer Mentalität verlief die Arbeit in stark gemäßigten Zyklen, aber die Gäste fanden noch allerhand Gerätschaften, die es zu reparieren oder zumindest fachmännisch zu überholen galt, um bei der nächsten Erntezeit erneut voll einsatzfähig zu sein.

Gesunde Heimkehr

In den letzten Monaten des Jahres 1945 wurden die Gedanken an Zuhause bei den Matrosen immer intensiver und die Fragen an den Kommandanten, wann es wohl wieder in Richtung Heimat gehe, häuften sich. Der Grund war keineswegs, dass den Leuten in der neuen Umgebung irgendetwas fehlte, denn es wurde jeder satt und die Verständigung mit den Einheimischen funktionierte auch ohne Worte von Monat zu Monat besser. Dabei half man sich gegenseitig und die Bauern empfanden oft große Begeisterung, wenn eine Salbe aus dem Sanitätskoffer nach ein paar Tagen die erhoffte Wirkung zeigte oder eines der einfachen Geräte mit einigen Schrauben oder einer Metallverstärkung an der richtigen Stelle erneut zur Zufriedenheit funktionierte. Die Ursache für das Heimweh lag vielmehr in der Ungewissheit darüber, wie es den Angehörigen gehen könne und dem Drang, diese endlich von der Sorge um den Ehemann, Vater, Bruder oder Sohn, die meistens wohl bereits in tiefe Trauer übergegangen war, zu befreien.

So suchte man schließlich das noch immer brav vor der Küste wartende graue Boot „IX C/40" auf, das aufgrund der regelmäßig ausgeführten Wartungsarbeiten leicht wieder in Gang zu setzen sein musste. Vor dem Ablegen verschenkte Dietbert noch sämtliche Werkzeuge, auf die man bei der Heimreise nicht unbedingt angewiesen war, an die einheimischen Bauern, die sich unglaublich erfreut zeigten, was man auch ohne verbale Kommunikation gut verstehen konnte. Hinzu kam noch ein alter Seesack mit dem oft so nützlichen Kleinmaterial wie Schrauben, Nägeln und ein paar mehrfach gelochten Metallbeschlägen.

Glücklichen Umständen war es zu verdanken, dass das lange Boot, welches bei Ebbe jedes Mal von der Küste sowie vom Meer aus sichtbar wurde, in dieser vorwiegend landwirtschaftlich genutzten Gegend offenbar während der ganzen Liegephase niemandem aufgefallen war, dem seine Beobachtung wichtig genug erschien, um eine Meldung an die zuständige Behörde zu erstatten. Die Umstände der Zeit gaben an jener Stelle der Welt einfach andere Interessenschwerpunkte vor und vielleicht hatten auch die sorgfältig übertünchten Außenbeschriftungen ihren Teil dazu beigetragen. Interessant ist hierbei, dass dieser südliche Teil Afrikas damals unter englischem Einfluss stand – allerdings hauptsächlich auf dem Papier…

Gewisse Sorge bereitete Dietbert der Vorrat an Dieselkraftstoff, der schon über die Hälfte aufgebracht war und hoffentlich noch bis zum nächsten Heimathafen reichen würde. So fuhr man immer an der Wasseroberfläche mit gedrosselter Leistung und hielt dabei vom Festland gerade so viel Abstand, dass die Bootssilhouette von der Küste aus nicht auffiel. Bei diesem mäßigen Tempo von meist unter fünf Knoten dauerte die Reise bis zu den Ausläufern Portugals bereits etwas über einen Monat. Als die Stelle erreicht war, ließ der Kapitän auf allen vier Seiten deutlich sichtbar weiße Betttücher heraushängen – zum Zeichen dafür, dass man in friedlicher Absicht heimkehrte.

Zur Auswahl standen vier Hafenanlagen, die – zumindest bei der Abfahrt noch – zum Anlegen geeignet waren:
Valentin" in Bremen **V**egesack an der Vulkan-Werft,
Fink II" in Hamburg-**F**inkenwerder,
Wespe" in **W**ilhelmshaven und
Kilian" in **K**iel

Es kam dann gar nicht mehr zu der Entscheidung, welchen der weitgehend zerstörten Häfen man nun anlaufen wolle, denn zum einen ging der Dieselkraftstoff aus, so dass auf Elektroantrieb umgeschaltet werden musste, was mit den gut aufgeladenen Akkumulatoren noch für ein paar Seemeilen funktionierte, zum anderen wurde das Boot beim Eintritt in deutsche Gewässer von einem britischen Patrouillenschiff abgefangen und durch die Besatzungsmacht übernommen. Damit war dieses Exemplar nicht zum „stählernen Sarg" geworden wie die vielen anderen Boote gleichen oder ähnlichen Typs, deren Besatzung nicht das Glück gehabt hatte, von einem so weitsichtigen Kommandanten aus dem Gefahrenbereich hinaus geführt worden zu sein. Der Krieg war vorbei und deshalb geriet auch keiner der Mannschaft mehr in Gefangenschaft, zumal sich ja niemand in irgendwelche Kampfhandlungen verwickelt hatte und die Versorgung in den Lagern ohnehin ein Problem darstellte, das nicht noch unnötig vergrößert werden sollte. Ein wichtiges Indiz für die Unschuld bedeuteten die 22 Torpedos, von denen offensichtlich kein einziger in den Rohren fehlte. Die Mannschaft wurde an einem Hafen des fast nur noch aus Ruinen bestehenden Deutschlands abgesetzt und jeder versuchte, sich in Richtung seines Heimatortes durchzuschlagen.

Die Zeitungen veröffentlichten jeweils einen ziemlich kurz gehaltenen Artikel über die U-Bootheimkehrer, aber dieser ging meistens unter, denn die Bevölkerung hatte zum größten Teil ganz andere Sorgen, nämlich irgendwie durch den harten Winter zu kommen und wenigstens die primitivsten Grundbedürfnisse einigermaßen befriedigen zu können. Herrn v. Harnisch, der immer noch zu der privilegierten Gruppe gehörte und daher versorgungsmäßig eher oben schwamm, fiel die Meldung dennoch auf, da er verständlicherweise alles aufsog, was auch nur entfernt mit der Marine zu tun hatte. Beim Lesen des eigenen gedruckten Nachnamens schäumte er förmlich vor Wut über seinen „missratenen" Sohn. Fast beiläufig teilte er die Neuigkeit Rosalinde mit und verbot ihr im selben Atemzug, Dietbert gegenüber bloß die geringste Andeutung von Freude über seine Rückkehr zu zeigen, wenn dieser demnächst vielleicht wieder auftauche.

Außerdem zürnte der Hausherr: *„Und jenes von oben bis unten angestrichene Miststück, das uns vor einem Jahr hier belästigte und dem du auch noch von unseren Plätzchen abgegeben hast, wusste damals schon über die Verbrechen unseres Sohnes Bescheid. Ich hätte diese Verräterin einer ‚verschärften Vernehmung[28] unterziehen lassen sollen, wozu es jetzt leider zu spät ist, weil unsere Gestapo[29], welche die Ordnung immer so zuverlässig aufrechterhalten hat, ja nun ebenfalls nicht mehr zur Verfügung steht."*

[28] Eine *„verschärfte Vernehmung"* war die verharmlosende Bezeichnung für Folter. Dem Opfer wurden dabei durch brutales Zufügen unterschiedlicher Qualen Geständnisse oder Informationen abgepresst.

[29] Die *„Gestapo"* (**Ge**heime **Sta**ats**po**lizei) war quasi ein Staat im Staate, der – ähnlich wie später die *„Stasi"* (**Sta**ats**si**cherheitsdienst) der DDR – zu verhindern hatte, dass irgendwelche gedanklichen oder faktischen Aktivitäten aufkommen konnten, die den Regierungsinteressen entgegenstanden. Die dabei angewendeten Methoden lagen fern jedes rechtsstaatlichen Systems.

Eisiger und zugleich hitziger Empfang

Mit dem Auftritt im Elternhaus ließ sich Dietbert noch ein wenig Zeit, denn zuerst wurde Jane besucht. Die Begrüßung war herzlich und innig – auch von ihren Eltern. Die Familie hatte die Wirren einigermaßen glimpflich überstanden und sogar das alte Grammophon existierte noch in funktionsfähigem Zustand. Zur Feier des Tages wurde eine der Swing-Platten aufgelegt, wobei man zum Glück nicht darauf achten musste, dass ja kein Laut auf die Straße oder zu irgendeinem stets aufmerksamen Nachbarn dringen konnte. Musikbeschränkungen durch die Regierung gab es nun nicht mehr und diese eigentliche Selbstverständlichkeit nahm man bereits als ersten Wink einer seit langem unbekannten Freiheit wahr.

Dann musste der unvermeidliche „Besuch" bei den Eltern doch stattfinden, der bei genauer Betrachtung des Wortes überhaupt nicht erfolgen *konnte*, denn Dietbert „besuchte" keinen, sondern wohnte schließlich dort und kehrte gesund heim, was vielen anderen jungen Menschen eben nicht beschieden war. Wie immer öffnete die gute Seele des Hauses die Tür und erkannte sofort, wer auf der vereisten Schwelle stand. In aufrichtiger Herzlichkeit begrüßte sie den Ankömmling, zu dem schon als Vierjährigem ein vertrautes Verhältnis bestanden hatte, wenn an ihm die blödsinnigen Erziehungsmaßnahmen zur Härte mit Schlafen im eiskalten Garten praktiziert wurden. Sie war damals gerade neu zur Familie v. Harnisch gekommen und ihr erster Eindruck leitete sofort die Suche nach einer beruflichen Alternative ein. Da sie sich aber mit der Dame des Hauses sowie allen drei Kindern stets bestens verstand, war sie dann doch geblieben. Spontan drückte die Öffnerin Dietbert kurz, als wäre er ihr naher Verwandter.

Getreu nach Dienstvorschrift machte sie Meldung – allerdings der inneren Stimme folgend an die Mutter, die augenblicklich aufsprang und ihren Sohn umarmte. Vergessen waren sämtliche vorausgegangenen Anweisungen und das gedämpfte Licht im Korridor, dessen Deckenbeleuchtung nicht funktionierte, weil neue Glühbirnen für den schönen Kristalllüster noch nicht einmal mit guten Beziehungen zu bekommen waren, bot einen dezenten Rahmen für die Nähe. Im Schutze der Dunkelheit erfolgte die stille Begrüßung, bis Rosalinde sich absolut sicher sein konnte, ihren Jungen leibhaftig wieder am Körper zu spüren. Auch dieser erlebte die Nähe zu seiner Mutter, wobei er einiges von dem nachholte, was ihm während seiner Kindheit wegen der ständig verordneten Distanz oft versagt geblieben war. Beide zählten nicht, wie viele Minuten sie eng aneinander verbrachten und es kümmerte sie auch nicht, dass die langjährige Hausangestellte noch immer danebenstand, denn diese gehörte schon längst so gut wie zur Familie und besaß in jeder Hinsicht deren vollstes Vertrauen.

Auf die leicht verhaltene Frage „*Wo ist Vater?*" deutete Rosalinde mit einem leichten Wink in Richtung des Arbeitszimmers ihres Mannes. Daraufhin ging Dietbert beherzt die letzten Schritte, klopfte höflich an, wie ihm das, seit er laufen konnte, eingetrichtert worden war, und betrat nach einem barschen „*Herein!*", den Raum, in dem Herr v. Harnisch am Tisch saß und mit dem Füllfederhalter gerade einen Brief schrieb. Freundlich begrüßte ihn der Sohn:

„*Guten Tag Vater! Wie du siehst, bin ich wohlauf – und ebenso alle zweiundfünfzig Mann, deren Leben mir anvertraut waren.*" Der verknöcherte alte Mann sprang drahtig auf und brüllte: „*Du wagst es, mir als feiger Vaterlandsverräter erneut unter die Augen zu treten? Du hast das gesamte Vertrauen, das die Marine durch die gute Ausbildung in dich gesetzt hat, auf das Schändlichste missbraucht und solltest dich bis an das Ende deiner Tage zutiefst schämen, das schon längst eingetreten wäre, wenn es auf der Welt auch nur einen Hauch von Gerechtigkeit gäbe. So etwas wie du ist wirklich das letzte Stück Scheiße, das es nicht wert ist zu leben!*" Mit diesen Worten holte der Choleriker aus und ohrfeigte seinen Sohn wieder einmal mit voller Wucht, so dass es die Mutter von draußen mitbekommen musste. Dabei schrie er bei überschnappender Stimme: „*Verrecke bloß endlich, du dreckiges Deserteur[30]-Schwein!*"

Dietbert war allerdings nicht mehr der kleine Junge, der als seinem starken Vater körperlich haushoch

---

[30] Ein „*Deserteur*" ist ein Soldat, der sich so viel Denkfähigkeit bewahrt hat, dass er erkennt, sein Mitwirken an den Kriegshandlungen auf eigene Initiative beenden zu müssen, und sich konsequenterweise von dem Geschehen entfernt, womit er meist große Selbständigkeit sowie überdurchschnittlichen Mut beweist.

„*Deserteur*" kommt von dem lateinischen Wort: „deserere" = verlassen, aufgeben.

Unterlegener jenem gegenüber stets in sämtlichen Punkten nachgeben musste, sondern sein alter Herr wollte doch immer einen tapferen Soldaten als Nachwuchs haben, der kämpfen und sich wehren konnte; genau diesen sollte er jetzt auch schließlich bekommen haben. So verpasste ihm der Sohn ein gutes halbes Dutzend heftige Faustschläge mitten ins Gesicht und zahlte damit einen Großteil der Prügel zurück, die er in der Kindheit hatte einstecken müssen – und sogar noch ziemlich gut verzinst! Erst als Dietbert merkte, dass sein Vater zusammensackte und heftig aus der Nase blutete, hielt er inne und verließ den Raum.

Da er sich in diesem Haus – seinem Elternhaus – nun des Lebens nicht mehr sicher fühlen konnte, verabschiedete er sich von seiner Mutter sowie der langjährigen treuen Perle und sprach leise die Worte: *„Ich hoffe, dass ihr es mit dem Kerl weiter aushaltet. Wenn du willst, kannst du ja jetzt unseren Hausarzt rufen oder es meinetwegen auch lassen, weil ja nicht viel verloren geht.“* In Dietbert kochte auf einmal der ganze Hass auf, der sich während seiner Kindheit sowie der keineswegs aus freien Stücken aufgenommenen Ausbildung zum heimtückischen Massenmörder aufgestaut und nun nach einer allerletzten Provokation mit anschließender Freisetzung des psychologisch einleuchtend erklärbaren Lawineneffekts endlich sein Ventil gefunden hatte.
Nicht umsonst gilt das alte Sprichwort: *„Wer Wind sät, wird eines Tages Sturm ernten.“* Durch Herrn v. Harnisch war bei dessen Sohn von Anfang an Sturm gesät worden und der Vater musste sich nicht wundern, jetzt Orkan zu ernten. Rosalinde umarmte ihren Jungen nochmals und sprach leise die Worte: *„Ich weiß, dass du nicht die geringste Schuld trägst. Lebe wohl bis hoffentlich demnächst!“*

Unter heutigen Aspekten könnte Dietbert zumindest wegen Notwehrüberschreitung juristisch belangt werden, allerdings bestand Ende 1945 noch kein wirkliches Rechtssystem, das schon wieder in vollem Umfang funktionierte, da Plünderungen sowie Sabotageakte gegenüber den Besatzungsmächten vorrangig verfolgt wurden, wohingegen einfache Familienstreitigkeiten hintenanstehen mussten. Dietbert dachte außerdem ganz realistisch, dass sein Vater, der zeitlebens gerne den starken Mann markiert hatte, wohl kaum eine Anzeige erstatten würde, weil er mit einem solchen Schritt schließlich zugeben müsste, seinem eigenen Sohn gegenüber unterlegen gewesen zu sein. Genau diese Vermutung bestätigte sich dann.

Die zum Schluss der „Diskussion" durch den Vater gefallene Äußerung klingt wie eine bitterböse Beschimpfung und war auch bestimmt ausschließlich so gemeint. Denkt man sich jedoch den extrem vulgären zweiten Teil des verwendeten Bindewortes mit dem darin verunglimpften hoch sympathischen Säugetier sowie das beleidigende vorausgehende Adjektiv weg, bleibt davon im Grunde nur noch ein Kompliment übrig:
Der Schweizer Unternehmer und Buchautor Rolf Dobelli[31] verbreitet dazu in seinem Werk
„Die Kunst des klugen Handelns
52 Irrwege, die Sie besser anderen überlassen"

---

[31] Rolf Dobelli (☼ 1966) arbeitete nach seiner Promotion an der Schweizer Universität St. Gallen als CEO ("**C**hief-**E**xecutive-**O**fficer", also Vorstandsvorsitzender) bei verschiedenen Tochtergesellschaften der Swissair-Gruppe und ist inzwischen Unternehmer in Luzern.
Außerdem wirkt er als Schriftsteller mit dem Schwerpunkt Wirtschaftsliteratur und verfasst nebenbei Romane.

die absolut eindeutige und unmissverständliche Botschaft:

„Sollten Sie jemals an eine Kriegsfront geschickt werden, dann desertieren Sie. Wer sich für andere in die Schlacht wirft, ist nicht in erster Linie mutig – sondern vor allem dumm."

Die intelligenteste und mutigste Version, in der ein Soldat auftreten kann, ist somit die des Deserteurs.

Ein Kuriosum besteht darin, dass Dietbert eigentlich erst durch seinen Vater, der sich mit aller Energie dafür eingesetzt hatte, dem Sohn bereits in ganz jungen Jahren das Kommando über ein eigenes U-Boot anzuvertrauen, die Gelegenheit zuteilwurde, so zu handeln, wie es ihm letztlich gelungen ist: Als einfacher Matrose auf einem Kriegsschiff hätte er niemals dessen Kurs nach selbständigen Gesichtspunkten ändern können. Es war von Anfang an sein Plan, das Geschehen in der dann erfolgten Weise zu lenken; damit ist auch erklärt, warum er während der Ausbildung eine so besonders große Initiative an den Tag legte, um unter allen Umständen zunächst die erforderliche berufliche Position zu erreichen.

Ob sein Vater diese Überlegungen tatsächlich nachvollziehen konnte, möge einmal dahingestellt bleiben.

Die weiteren Lebensschritte

Magdalena und Hedda heirateten kurz nacheinander; sie bauten neue Familien auf, die es zunächst beide nicht ganz leicht hatten, weil die wirtschaftlichen Umstände anfangs noch von teilweise drückendem Mangel geprägt waren. Dann fand sich allerdings der Anschluss an den allgemeinen Aufschwung und bald stellte sich Schritt für Schritt ein zunächst bescheidener, jedoch stetig steigender Wohlstand ein.

Dietbert hatte kein Elternhaus mehr und stand ohne jede brauchbare Ausbildung im Leben. Mit seinen Kenntnissen als U-Bootkommandant konnte man sich in dem gerade zu begrüßenden Jahr 1946 nicht mehr über Wasser halten. Da das Steuermannspatent anerkannt wurde und er wegen seines – aus jetziger Perspektive – vorbildlichen Verhaltens während des Krieges politisch in keiner Weise belastet war, fand er eine Stelle als Barkassenführer im Hamburger Hafen, der weitgehend in Trümmern lag und daher oft sehr hohe Anforderungen an die Manövrierkunst der Steuermänner stellte, denn an vielen Stellen musste schließlich mit Mauerresten oder sonstigem Schutt auf dem Grund gerechnet werden, der so ein kleines Zubringerboot möglicherweise empfindlich von unten beschädigte und damit zumindest für längere Zeit nicht mehr einsatzfähig machte.
Was man bei dieser Arbeit verdiente, hielt sich in ziemlich engen Grenzen, aber es gab Schichtzulagen für Nacht- und Feiertagsdienst, die dann insgesamt das Überleben einigermaßen ermöglichten.

Die freie Zeit wurde zum Lernen genutzt, denn der Mittzwanziger stand ja immer noch ohne brauchbaren Schulabschluss da, weil er wie seine früheren Klassenkameraden das Gymnasium mit dem so genannten „Notabitur"[32] hatte verlassen müssen, welches nun, als sich endlich wieder geordnete Zeiten ankündigten, auf den Universitäten nicht anerkannt wurde. Durch seine Zeit bei der HJ und anschließend beim Militär war der junge Mann zwar einer gründlichen Verdummung unterzogen worden, deren Ziel durchaus darin bestand, jede Form von eigenem Denken gezielt auszutrocknen, aber durch seine Initiative, mit der er geschickt eine Feindfahrt zu einer Freundfahrt umfunktioniert hatte, war bewiesen, dass eine gewisse selbständige Fähigkeit zum Überlegen doch noch vorhanden sein musste. Dazu kam, dass man nach dem jahrelangen geistigen Aushungern gleichsam jede Form von Nahrung auf diesem Gebiet buchstäblich in sich aufsaugte.

Schließlich gelang ihm durch zähen Fleiß neben der täglichen und manchmal sogar nächtlichen Arbeit sein Abitur, das als Eintrittskarte für ein Studium der Zahnmedizin eingesetzt werden konnte. Ob jetzt die berufliche Tätigkeit seiner Jane auf diese Entscheidung einen gewissen Einfluss ausgeübt hatte, mag dahingestellt bleiben und tut letztendlich nichts zur Sache. Interessanterweise kam die Wirkung in umgekehrter Richtung zum Tragen: Ebenfalls die Freundin verspürte plötzlich große Lust, ihr Abitur nachzumachen, da sie durch Dietberts Erfolg dazu ermutigt

[32] Das bereits ab dem 8. September 1939 eingeführte *Notabitur* dauerte nur eine Woche und erfolgte in vereinfachter Form durch schriftliche Prüfungen von 90 Minuten je Prüfungsfach für diejenigen Schüler, die in weniger als sechs Monaten das reguläre Abitur würden ablegen müssen, sobald der Einberufungstermin für ihren Jahrgang feststand. Wer den Krieg überlebt hatte, konnte dann mit diesem Abitur meist nichts anfangen und musste erst eine Universitätsreife nach regulären Maßstäben nachholen.

worden war, allerdings von ihren Eltern auch die erforderliche Unterstützung erhielt, was das Vorhaben wesentlich erleichterte. So befanden sich die beiden eines Tages zusammen an der zahnärztlichen Fakultät der Universität jedoch in verschiedenen Semestern, was im Nachhinein betrachtet vielleicht gar nicht so von Nachteil war, denn es wäre schließlich denkbar gewesen, dass sich eine gemeinsame Prüfungsvorbereitung eher zu einer gegenseitigen Ablenkung ausgewachsen hätte…

Mit einem Abstand von zwei Jahren erreichten sie nach fleißigem sowie intensivem Studium ihr Ziel und es wurden noch zwei krönende Abschlüsse in Form von Dissertationen daraufgesetzt.

Mit der finanziellen Hilfe von Janes Eltern ließ sich eine Gemeinschaftspraxis eröffnen und erst als diese so weit lief, dass davon auf einfachem Niveau sogar eine Familie ernährt werden konnte, wurde die Hochzeit geplant.

Natürlich erfolgte auch eine Einladung an Dietberts Eltern, jedoch knurrte Herr v. Harnisch, dieser auf gar keinen Fall folgen zu werden, Ebenso verbot er seiner Frau, nur einen einzigen Schritt in jene Richtung zu gehen, da von dem *„aus der Art geschlagenen Bengel und dessen amerikanisch angehauchtem Anhängsel"* bereits genug Schande über die Familie gebracht worden sei. Gehorsam hielt sich die Mutter an sämtliche Anordnungen ihres Gebieters und blieb der Hochzeit ebenfalls ohne jede Antwort fern.

Erst als ein paar Jahre später in Form eines gesunden Jungen die nächste Generation eingeläutet wurde, konnte Rosalinde nicht anders, als ihren kleinen Enkel voller Herzlichkeit in die Arme zu schließen. Sie hatte damit gleichsam den Gehorsam verweigert, was von ihrem strengen Ehemann wie eine vorsätzliche sowie böswillige *„Kriegserklärung"* angesehen wurde und zu ihrer sofortigen Verstoßung aus seinem Hause führte.

Nach vier Jahren florierte die Zahnarztpraxis so gut, dass der Erwerb eines bescheidenen Hauses mit genug Platz für Behandlungs- und Wartezimmer möglich wurde. Ebenso ein Obergeschoss stand zur Verfügung, in das dann Rosa einzog. Man meint immer, dass es nicht gut gehen könne, wenn drei Generationen unter einem Dach leben, aber das muss gar nicht unbedingt so sein, zumal es Länder wie beispielsweise Italien gibt, in denen dies als vollkommen selbstverständlich angesehen wird und größtenteils gut funktioniert. Rosa war für ihr Alter noch eine eher jugendliche Großmutter und fand mit viel Geschick bald heraus, wann sie sich nützlich machen konnte und wo ein taktvolles Zurückziehen die bessere Alternative darstellte. Dabei muss man sagen, dass die zuvor oft direkt eingeschüchtert wirkende Rosalinde allmählich richtig aufblühte, was sich auch in ihrem Äußeren zeigte. Inspiriert wurde sie dabei durch die Schwiegertochter sowie deren Eltern, die während der Phase des wirtschaftlichen Aufschwungs erneut im redaktionellen Bereich der Modebranche hatten Fuß fassen können, wobei sich an alte Verbindungen anknüpfen ließ. Manchmal dauert es eben ein paar Jahrzehnte, bis das Leben so wirklich beginnt…

Enkelsohn Carsten bekam zwei Jahre später noch ein Schwesterchen namens Angelika und blieb nicht lange klein, sondern wuchs rasch heran und machte der restlichen Familie fast ausschließlich Freude. Als das Abitur erreicht war, verweigerte er – übrigens mit großer Zustimmung beider Eltern – den Wehrdienst in der gerade zehn Jahre nach dem vollständigen Zusammenbruch schon wieder aufgestellten neuen Armee, die angeblich das *„Gleichgewicht des Schreckens"* im Kalten Krieg[33] aufrechterhalten sollte, der letztlich als politische Folge des Zweiten Weltkriegs anzusehen ist. Das Prinzip beiderseitigen Wettrüstens erhielt den Frieden in demselben Kausalzusammenhang, wie das lautstarke Krähen eines Dorfgockels das Aufgehen der Sonne bewirkt – selbst wenn

---

[33] Als *„Kalter Krieg"* wird meist die Zeit von 1947 bis 1989 bezeichnet, als die beiden Supermächte (Vereinigte Staaten von Amerika und Sowjetunion) sich durch ein Wettrüsten jenseits jeder Vernunft gegenseitig einzuschüchtern versuchten. Dabei drohten mehrmals Eskalationen, von denen jede einzelne das Leben auf der Erde weitestgehend hätte auslöschen können. Die wichtigsten Zwischenfälle dieser Art waren:
1960 : Abschuss eines amerikanischen Spionageflugzeugs vom Typ U_{-2} über der Sowjetunion
1961 : Bau der Berliner Mauer und Amerikas Vorkehrungen, diese gewaltsam zu beseitigen
1962 : Stationierung sowjetischer Atomraketen auf Kuba sowie amerikanischer in der Türkei
1968 : Mutmaßliche Versenkung eines sowjetischen Spionage-U-Boots durch die USA sowie eines amerikanischen durch die Sowjetunion
1983 : Verwechslung durch das sowjetische Militär von Sonnenstrahlen mit Raketenabschüssen
1983 : Das Manöver *"Able Archer"* („fähiger Schütze"), das von Amerika bewusst in der Nähe der Grenze zur Sowjetunion zu deren Provokation abgehalten wurde

dieser sich das einbilden sollte, was in Wahrheit natürlich nie der Fall ist, da ein Hahn auf derart dumme und eitle Überlegungen gar nicht kommt. Nach exakt jener Denkstruktur schreibt sich allerdings die Generalität gerne auf die Fahnen, wegen ihres mit horrenden Kosten verbundenen Wirkens in erster Linie das Eintreten weiterer Gewaltexzesse *verhindert* zu haben. Ausschließlich durch glückliche Umstände und keineswegs, weil dieser Balanceakt so vortrefflich funktioniert hatte, wiederholte sich eine Weltkatastrophe wie von 1939 bis 1945 in den nächsten Jahrzehnten nicht mehr, obwohl die politische Situation des Öfteren extrem nah am Abgrund vorbeistolperte und dabei dank der grandiosen Vorsorge durch die großzügigsten Bewaffnungen auf beiden Seiten mehr als ausreichend Zündstoff für eine erfolgreiche gegenseitige Vernichtung zur Verfügung gestanden wäre; dabei hätte sich wohl kaum einer der Verantwortlichen freiwillig Pfeife rauchend auf ein bis oben gefülltes Pulverfass gesetzt…

Von alten Kulturvölkern erzählt man sich, dass sie bei einer Verfinsterung der Sonne glaubten, böse Geister hätten diese versteckt. Daraufhin versammelten sich die stimmfestesten Burschen des Ortes und veranstalteten ein riesiges Gebrüll, zu dem sie außerdem mit allen Gegenständen, die gerade verfügbar waren, möglichst laute Geräusche erzeugten. Als die Sonne wieder ganz zum Vorschein kam, glaubten sämtliche umliegenden Bewohner, die tapferen Leute hätten durch ihren Lärm die Geister vertrieben. Man kann sich das Erfolgserlebnis der Helden gut ausmalen. Nach dem genau gleichen Prinzip haben im Kalten Krieg die „Helden des Militärs" auf beiden Seiten den Ausbruch eines heißen Krieges verhindert; man muss nur fest genug daran glauben…

Einen ganz ähnlichen *Placebo-Effekt* stellt die Christophorus-Plakette im Auto dar: Der „absolut stichhaltige" Beweis dafür, dass diese tatsächlich Unfälle verhindert, ist beispielsweise die überzeugte Erzählung eines Zeitgenossen: *„Mein Großonkel installierte 25 Jahre lang immer eine solche Plakette in dem gerade von ihm gefahrenen Wagen und er hatte nie einen Unfall – weder verschuldet noch unverschuldet. Damit ist es doch nun wirklich klar, dass seine Plakette Unfälle verhindert hat. Man sollte sie grundsätzlich in jeden Wagen gleich ab Werk einbauen und bei der regelmäßigen von Amts wegen stattfinden technischen Untersuchung, hauptsächlich auf ihre gute Befestigung achten."*

Nicht zu Unrecht sagt man, dass jeder Vergleich mehr oder weniger hinkt; so verhält sich die Sache auch hier: Es ist vollkommen richtig, dass das Gebrüll der Dorfstarken die Sonnenfinsternis in demselben Maße beseitigt und die Christophorus-Plakette Autounfälle mit der gleichen Sicherheit verhindert hat wie das Militär einen Krieg. Der entscheidende Unterschied ist jedoch, dass weder das Geschrei der Stammeshelden noch die Plakette neben dem Armaturenbrett irgendeine Gefahr darstellen, während die sechs oben in der Fußnote angeführten Beispiele klar zeigen, dass durch Rüstungsaktivitäten genau das zum Ausbruch gebracht werden kann, was diese angeblich verhindern sollen.

Eine weitere Floskel unter Stammtischpolitikern ist: *„Der Amerikaner wird bestimmt nicht zuschauen, wenn es von östlicher Seite gegen uns zu Aggressionen kommt."* Hier ist jemand offensichtlich noch auf dem Niveau von Sandkastenkindern stehengeblieben, die vielleicht drohen: *„Wenn du mir meinen Ball wegnimmst, rufe ich meinen Bruder und der wird's dir dann schon zeigen."* Während bei der mit brüderlicher Verstärkung ablaufenden Rauferei unter Umständen ein paar Schrammen entstehen, würde die bewaffnete Auseinandersetzung zweier Großmächte ein dazwischen liegendes kleines Land förmlich zerreiben und es bliebe weder von diesem noch seinen Bewohnern danach außer Verwüstung etwas übrig.

Der Großvater väterlicherseits wurde über Carstens Entscheidung verständlicherweise nie in Kenntnis gesetzt, denn man wollte ihm schließlich keinen vorzeitigen Herztod durch übermäßige Aufregung antun. Mit jedem einzelnen Mitglied seiner einstigen U-Bootmannschaft blieb Dietbert in lebenslanger Freundschaft und einmal im Jahr traf man sich – unabhängig davon, wie weit manche mittlerweile anreisen mussten. Diese Zusammenkünfte unterschieden sich jedoch ganz wesentlich von den Crew-Treffen, die andere ehemalige Besatzungen, welche durch viel Glück ebenfalls überlebt hatten, regelmäßig abhielten: Während dort in der Mitte des Tisches ein hoch detailliertes historisches Modell von ihrem früheren Kriegsschiff oder zumindest ein schön vergrößertes Farbfoto davon aufgestellt wurde, die ewig gestrigen Möchtegernstrategen den „herrlichen" Zeiten nachjammerten und sich dabei gegenseitig einredeten, wie „zum Greifen nah" der „Endsieg" bei so viel versenktem feindlichem Schiffsraum doch schon gewesen sei, stand bei der Dietbert-Crew lediglich eine kleine schneeweiße Fahne neben abwechselnden Bildern von Südafrika auf dem Tisch und man freute sich gemeinsam, dass das Leben für alle weitergegangen, das U-Boot nicht zum „eisernen Sarg" der Mannschaft geworden und dann noch beinahe neuwertig an die Engländer übergeben worden war. Ein paar Jahre später vergrößerte sich die Runde noch um eine weitere Person: Der ehemalige Beobachtungsoffizier, der sich inzwischen stolz als zweifacher Vater präsentierte und im Grunde auch Dankbarkeit für diese Wende in seinem Leben empfand, gesellte sich hinzu. Bei einem eingefleischten Militärmann dauert es eben grundsätzlich um einiges länger, bis „der Groschen endlich fällt"…

Die anderen Kameraden einschließlich des Kommandanten hatten im Wesentlichen eine sehr ähnliche Ausbildung genossen, aber bis zu einem gewissen Grade kann doch jeder selbst entscheiden, wie weit er den Vorgang des „Einfleischens" bei sich duldet oder sogar fördert. Psychologisch nachvollziehbar ist ein geistiger Prozess, bei dem sich jemand lange Zeit an alle Einflüsse förmlich klammert, denen er während der so genannten zweiten Prägephase als gerade erwachsen gewordener Mensch ausgesetzt war und die er dann verbissen zur alleinigen Wahrheit erklärt, wobei sie oft auch noch vehement verteidigt werden. Etwas als falsch Erkanntes irgendwann abzuschütteln, offenbart eine gewisse innere Stärke und kann nur dann gelingen, wenn man es als Heranwachsender dank eines eigenen Überlegungswillens nicht zugelassen hat, sämtliche Denkfähigkeiten gleichsam abgetötet oder zumindest zielgerichtet abtrainiert zu bekommen.

Bei Dietbert waren kritische Gedanken hauptsächlich aufgrund der Intensität jener Beeinflussungen durch die Umgebung sowie des stets autoritären und jederzeit „explosionsbereiten" Vaters entstanden, der seine Familie einschließlich der Ehefrau nicht als gütige Stütze mit Vorbildfunktion, sondern immer durch die Verbreitung von Angst im Falle einer eventuellen „Befehlsverweigerung" dirigiert hatte.

Der alte Herr v. Harnisch wurde zunehmend verbitterter, verweigerte jeden Kontakt zu Kindern und Enkeln, aber führte gerne das große Wort, wenn es um Gespräche über die aktuelle politische Konstellation ging. Das selbständige und mutige Verhalten seines Sohnes bei der Verantwortung für 53 Leben konnte er diesem bis zum letzten Atemzug nicht verzeihen. Die äußerst umstrittene Wiederbewaffnung Deutschlands im Jahr 1955 bedeutete für ihn verständlicherweise einen großen Lichtblick, allerdings mit dem bitteren Beigeschmack, dass ihm eine aktive Teilnahme an dieser Entwicklung nicht mehr möglich war und Dietbert sich als Arzt für die Linderung von Leiden anstatt für deren Verursachung entschieden hatte. Umso engagierter politisierte er gegenüber jedem, der es hören oder auch keineswegs hören wollte, über die neuen Feindbilder, die angeblich überall lauerten und die es entsprechend zu bekämpfen heiße. Es ist schon merkwürdig, mit welcher Hartnäckigkeit ein Militärmensch immer wieder bekräftigt, wie zahlreich doch die Bedrohungen von allen Seiten seien und wie wichtig daraufhin eine hundertprozentige Wehrbereitschaft.

Derartige Töne hörte man tatsächlich zu allen Zeiten – lediglich in wechselnder Färbung: So galt beispielsweise aus westdeutscher Perspektive bis zum Ende des Ersten Weltkriegs Frankreich stets als der absolute Erzfeind. In der nationalsozialistischen Phase wurden der „Bolschewismus"[34] sowie das „internationale Finanzjudentum"[35] gleichsam als Wurzeln sämtlichen Übels verteufelt. In der Zeit des Kalten Krieges war natürlich die Sowjetunion die Stelle auf der Welt, von der ausschließlich Böses zu erwarten sei. Nach

[34] Der „Bolschewismus" ist ein hauptsächlich vom nationalsozialistischen Regime verwendeter Kampfbegriff der politischen Polemik gegen die russische Ideologie.

[35] Das „internationale Finanzjudentum" wurde ebenfalls zur Zeit des Nationalsozialismus gerne als Kampfbegriff verwendet, um dadurch unterschwellig auszudrücken, die Mitbürger der jüdischen Religionsgemeinschaft würden zu Unrecht weltweit die Finanzwelt dominieren und sich mit derartiger Strategie Machteinflüsse auf Kosten aller anderen Bürger aufbauen – und zwar ausschließlich mit der Absicht, diesen langfristig zu schaden.

deren wirtschaftlichem Zusammenbruch musste der Islam[36] als nicht näher lokalisierbare aber umso finsterere Macht dafür herhalten, denn der Militarist lebt schließlich von der Aufrechterhaltung des jeweiligen Feindbildes, da er anderenfalls ja zugeben müsste, einer gesellschaftlichen Nullgruppe anzugehören, die bloß viel kostet, jedoch vollkommen überflüssig ist.

[36] Der *Islam* ist die zweitgrößte der fünf Weltreligionen:

Christentum	(etwa 2,3	Mrd.	Gläubige)
Islam / Muslime	(etwa 1,6	Mrd.	Gläubige)
Hinduismus	(etwa 940	Mio.	Gläubige)
Buddhismus	(etwa 460	Mio.	Gläubige)
Judentum	(etwa 15	Mio.	Gläubige)

Zwei Urlaubsreisen der ganz besonderen Art

Die Zahnarztpraxis hatte sich mit einem treuen Patientenstamm bestens etabliert und so konnte man während der Sommerferien auch einmal daran denken, für drei Wochen die Behandlungen zu unterbrechen, um mit der Familie eine Urlaubsreise zu unternehmen. Als Ziel schlug Dietbert die Stelle in Südafrika zwischen Mossel Bay und Port Elizabeth vor, wo er das Ende des schrecklichen Zweiten Weltkriegs verbracht und dadurch seiner Mannschaft sowie sich selbst höchstwahrscheinlich das Leben gerettet hatte. Die Kinder waren begeistert, denn wer von den Freunden würde schon erzählen können, in den Ferien bis an die ferne Südspitze Afrikas vorgedrungen zu sein?

Die Reise verlief zunächst für alle vier sehr komfortabel auf einem großen Touristenschiff mit zahlreichen Haltepunkten, an denen meist kurze Landgänge unternommen wurden. In Port Elizabeth, das sich seit Ende 1945 gigantisch verändert hatte und noch größer geworden zu sein schien, verließ man die Oase des Luxus und es wurde ein am Hafen bereitgestellter Mietwagen bestiegen – ein Mercedes Diesel der Pontonklasse vom Typ 180 D[37], dessen Tachometer wohl bereits mehrmals nach jeweils 100 000 Kilometern den Neuzustand wieder erreicht hatte. Das Fahrzeug tuckerte gemächlich auf der inzwischen neu angelegten Teerstraße dahin und wirkte, als ob es seine bisherige Laufleistung getrost auch nochmals zurücklegen könnte. Das Problem war somit nicht der

[37] Der Mercedes 180 D wurde von 1954 bis 1962 gebaut und leistete anfangs 40, dann bis zu 48 PS.
Er war bekannt für seine Langlebigkeit und Wirtschaftlichkeit, durch die er sich besonders im gewerblichen Einsatz bewährte.

Wagen, sondern ob sich die Stelle wiederfinden ließ, wo damals so ein riesiges Maisfeld gleichsam bis an den Horizont gereicht hatte. Nach zahlreichen Abzweigungen, die sich alle als Irrtum herausstellten, glaubte Dietbert schließlich, ein paar Gebäude wiederzuerkennen, die ihn an die damalige abenteuerliche Fahrt auf dem Lastwagen an die Küstenstadt erinnerten, aus der sie jetzt gerade kamen. Als auch dieser Weg wieder quasi im Nichts verlief und man erneut umkehren musste, war der Vater allmählich enttäuscht über seinen schwachen Orientierungssinn, während die beiden Kinder vom Rücksitz aus die fremde Landschaft fasziniert auf sich wirken ließen und die ausgedehnte Suchfahrt förmlich genossen. Nach zwei weiteren vergeblichen Vorstößen in die fruchtbare Plantagenlandschaft zeichnete sich bei einer Ausfahrt, die man zuvor ausgelassen hatte, weil sich der Lenker des Wagens an überhaupt keine ihm irgendwie bekannten Einzelheiten erinnern konnte, letztendlich doch noch die richtige Richtung ab und nach einer weiteren halben Stunde war das Ziel erreicht. *„Und hier hast du fast ein volles Jahr gelebt?"* fragten Carsten und Angelika voller Verwunderung. Die Antwort des Vaters lautete ganz überzeugt: *„Ja, und es ging uns allen besser als wir uns das nur hätten ausmalen können. Dafür bin ich heute noch dankbar."* Man stieg aus dem Wagen, vertrat sich ein wenig die Beine und Dietbert ließ den Blick durch die kleine Siedlung schweifen, wobei er forschte, ob noch irgendjemand auszumachen sei, der sich vielleicht an ihn erinnern würde. Die Familie wurde längere Zeit beäugt, aber darin lag allenfalls eine gewisse Neugier und Verwunderung über diese weißhäutigen Ankömmlinge jedoch keinerlei Abneigung oder gar Angst.

Die Gruppe hielt Rat und nach einer Weile trat ein älterer Bauer hervor, der sich offenbar erinnerte und Dietbert trotz der vielen vergangenen Jahre wiedererkannte. Die Kommunikation ließ sich mit Worten auch diesmal nicht vollziehen, aber sie hatte ja schließlich zweieinhalb Jahrzehnte zuvor bereits problemlos durch Gestik funktioniert. Die Nachricht von dem einen weißen Mann, der mit seiner Familie nun erneut gekommen war, verbreitete sich in Windeseile innerhalb der Siedlung und man saß wieder einmal zusammen – beinahe wie damals, als die Mannschaft soeben ihre Schlauchboote verlassen hatte. Die liebenswerten Maulesel bedeuteten für Angelika und ebenso für Carsten die größte Freude, obwohl dieser beinahe schon so viele Jahre zählte wie die jüngeren Matrosen bei der Freundfahrt kurz vor Kriegsende. Es war eine Wonne, dabei zuzusehen, wie ihnen die paar Stück Obst schmeckten, mit denen man sie fütterte und dabei zärtlich über ihre langen Ohren streicheln konnte. Als dem Mädchen auffiel, dass eines der Tiere eine Verletzung hatte, und sie dies ihrem Vater mitteilte, holte er wie selbstverständlich den Verbandskasten aus dem Mietwagen und leistete fachmännisch erste Hilfe. Er war zwar auf Zahnmedizin spezialisiert, aber während seines Studiums natürlich auch mit den Grundlagen der Allgemeinmedizin in Berührung gekommen. Somit schloss sich im bildlichen Sinne ein weiter Kreis und die Bauern, welche Dietbert zum überwiegenden Teil gar nicht kannten, zeigten sich genauso erfreut und dankbar wie seinerzeit ihre Kollegen.

Nach dem gelungenen Wiedersehen verabschiedete man sich bei südländischem Temperament und Dietbert fuhr mit seiner Familie zurück in Richtung der Großstadt, an deren Peripherie er ein solides Hotel ausfindig machte, in dem bis zur Rückreise auf der „schwimmenden Unterkunft" noch ein paar wunderschöne Tage in südafrikanischer Exotik verlebt wurden. Bei zwei geführten Stadtrundfahrten durch Port Elizabeth sammelte er von der weit ausgedehnten Stadt ebenso viele Eindrücke wie seine Familie, denn im Detail kennengelernt hatte er ja damals praktisch nur den Obstabladeplatz.

Der Komfort auf der Rückfahrt entschädigte in vollem Umfang für die teilweise erforderlichen Improvisationen während des kurzen Aufenthalts in der nur dem Vater bereits vertrauten Bauernsiedlung.

Die bei der Afrikareise gewonnenen Eindrücke blieben allen vier Familienmitgliedern tief im Gedächtnis verwurzelt:

Dietbert hatte manche schöne Erinnerung wieder frisch beleben können und wurde sich so erneut des Glücks bewusst, das ihm sowie dem gesamten Team seinerzeit derart gewogen gewesen war.

Jane, eher der Stadttyp, hätte sich zwar nicht unbedingt danach gesehnt, noch einige Tage gleichsam auf „Zivilisationsstufe Null" in der Siedlung zuzubringen, war jedoch tief berührt von der Herzlichkeit der Bewohner, die man auch ohne Sprachkenntnisse auf Schritt und Tritt spüren konnte, und verstand außerdem die Gefühle ihres Mannes vollkommen, wobei sie sich mit ihm aufrichtig freute.

Für die beiden Kinder bedeutete die abenteuerliche Fernreise ein Ferienerlebnis, für das es kaum noch eine Steigerung geben konnte. Trotz der in jeder Hinsicht beeindruckenden und weitläufigen Landschaft bildeten die anschmiegsamen und sympathischen Maulesel den absoluten Höhepunkt des afrikanischen Abenteuers. Diese waren mit ihren Betreuern auch die Motive auf den meisten Fotos, welche vor Ort aufgenommen und nach der Heimkehr sorgfältig in das Familienalbum geklebt wurden. Derartige Erlebnisse in jungen Jahren lassen bestimmt keinerlei dumme Rassenvorurteile aufkommen.

Ein Jahr später wurde erneut eine größere Reise unternommen und man flog zusammen in die Vereinigten Staaten von Amerika, denn Jane wollte unbedingt einmal jenes Land mit eigenen Augen sehen und genießen, von dem sie seit der Kindheit träumte.

Wie so oft, sieht die Wirklichkeit dann völlig anders aus als die heile Welt von manch schönem Film aus der sprichwörtlichen Traumfabrik in Hollywood. Man kann zwar nicht sagen, dass sich die Tour als Enttäuschung herausstellte, aber es mussten doch einige Vorstellungen ein wenig geradegerückt werden. Vielleicht war die Familie ja auch nur zu Besichtigungspunkten gelangt, die nicht durchwegs so positive Ausstrahlungen zeigten, wie dies eigentlich möglich gewesen wäre. Somit lebte Jane weiterhin ihren amerikanischen Traum, kleidete sich nach der dortigen Mode und belieβ es bei der betont englischen Aussprache ihres Vornamens, an die sich alle Mitmenschen längst gewöhnt hatten.

Da jeder in der Familie zum ersten Mal überhaupt und dann sogar gleich in einer Super Constellation[38] geflogen war, bedeutete bereits das ein kaum zu vergessendes Erlebnis und sofern man unvoreingenommen an die zahlreichen Reize dieses Landes mit wahrhaft gigantischen Ausmaßen heranging, ließ sich doch sehr viel Sehenswertes und Schönes finden, so dass Erinnerungen mit nach Hause genommen wurden, die während des ganzen weiteren Lebens nicht mehr verblassten.

[38] Die Super Constellation ist ein viermotoriges Langstreckenflugzeug mit Propellerantrieb und wurde bei der US-amerikanischen Firma Lockheed von 1950 bis 1958 gebaut.
Die Leistung betrug zwischen 2500 PS (1838 kW) und 3295 PS (2423 kW).
Das markanteste Merkmal sind die *drei* Seitenleitwerke am Heck.

Die schaurige Bilanz

Von den 863 eingesetzten deutschen U-Booten gingen 784 „verloren", wie es in den Berichten nüchtern formuliert wurde. Noch heute findet man hin und wieder eines, das zerfetzt auf dem Meeresgrund liegt, und kann es mithilfe von modernen Tauchrobotern identifizieren.

Von den über 40 000 Besatzungsmitgliedern kamen mehr als 30 000 bei ihren Mordeinsätzen selbst ums Leben, wobei in etwa ebenso viele Matrosen beim Versenken ihrer 2882 Handels- und 175 Kriegsschiffe starben.
Die Überlebenschance war in keiner Waffengattung niedriger als bei den U-Bootfahrern.

Diese Zahlen würden gewiss sehr viel anders aussehen, wenn es noch zahlreiche weitere Kommandanten mit dem Mut des Dietbert v. Harnisch gegeben hätte. Trotzdem existierten tatsächlich zwei Kollegen, die kurz vor Kriegsende in ganz ähnlicher Weise handelten:
Sie waren knapp vor dem Zusammenbruch gleichsam als letzte Opfer auf Fahrt geschickt worden, planten eine Kapitulation in dem neutralen Argentinien und durchquerten zunächst den gesamten Atlantik vorwiegend in Tauchfahrt, um dann in den Río de la Plata[39] einzulaufen, was dem einen am 10.07.1945 (U530) und dem anderen schließlich am 17.08.1945 (U977) gelang.

[39] Der *Río de la Plata* (spanisch: Silberfluss) in Südamerika ist der Mündungstrichter der beiden Ströme *Río Paraná* (Brasilien, Paraguay, Argentinien) und *Río Uruguay* (Brasilien, Argentinien, Uruguay), die sich dort vereinen und in den Atlantischen Ozean fließen.

Eine fatale Begegnung

Der Zündfunke, der übersprang

Die Fünfzigerjahre des vergangenen Jahrhunderts hatten gerade begonnen und in der Großstadt München fingen die Spuren des Zweiten Weltkriegs[40] allmählich an, ein wenig zu verblassen – allerdings keineswegs von selbst, sondern durch Aktivieren der teilweise allerletzten Kräfte, die nach den entbehrungsreichen Kriegs- und frühen Nachkriegsjahren noch geblieben waren. Trotz der unübersehbaren Ruinen, die vielerorts nach wie vor das Stadtbild prägten, drängte das hoffnungsvolle Aufkeimen neuen Lebens an immer mehr Stellen in den Vordergrund. Man fühlte sich froh und erleichtert, einigermaßen unversehrt davongekommen zu sein, und schmiedete eifrig Pläne für eine Zukunft ohne die dümmlichen Politparolen, welche man zwölf Jahre lang hatte schweigend ertragen müssen. Die Zuversicht, dass sich ein derartiger Irrsinn nicht mehr wiederholen möge, beflügelte den Optimismus, obwohl von Wohlstand eigentlich für die meisten noch nicht viel zu spüren war; so genoss man es wenigstens, ohne gellende Sirenen, die wieder einmal Fliegeralarm gaben und möglicherweise einen schrecklichen Tod innerhalb der nächsten halben Stunde ankündigten, die Tage und Nächte verbringen zu können, was bereits eine große Erleichterung bedeutete und vielfach ein inneres Aufatmen zur Folge hatte. Selbst dies ließ sich schon als deutliche Verbesserung der Lebensqualität empfinden, denn es dominierte schließlich nicht mehr jene abscheuliche Angst, die in den vergangenen Jahren über jeder Alltagstätigkeit geschwebt war.

---

[40] Der verheerende Zweite Weltkrieg (1939 – 1945) wurde von Deutschland begonnen und forderte einschließlich der Verfolgungsopfer über 71 Millionen Tote.

In dieser Zeit kurz vor dem allgemeinen Aufschwung oder auch schon während seiner ersten Anfänge liefen sich zwei Menschen über den Weg, die auf der Suche nach neuem Glück füreinander Interesse zeigten:

Er – nennen wir ihn Werner – war ein Mann Ende vierzig und ohne Familie, der im Krieg nicht viel verloren haben konnte, weil er nie irgendwelche Werte aufgebaut und sich als „Kaufmann" mit allerlei Geschäften sowie zeitweise als angelernter Heilpraktiker über Wasser gehalten hatte. Jene Hochphase während der Schwarzmarktzeit, in der seine Talente wirklich Früchte trugen, war vor kurzem zu Ende gegangen und so stand die Frage offen, ob ihm die Gewöhnung an zielgerichtete sowie geordnete Arbeit wohl gelingen werde, die nicht unbedingt zu seinen ausgesprochenen Stärken zählte. Man musste ihn durchaus als gutaussehend bezeichnen, was er durch ein gepflegtes Äußeres gekonnt in Szene zu setzen verstand, obwohl dies in der kargen Nachkriegszeit gar nicht so leicht zu realisieren war. Trotz seiner mäßigen Bildung als Schulversager mit anschließender Einweisung in eine Kadettenanstalt, die eine Art Notlösung für den Start ins Leben darstellen sollte, verstand er es, immer unterhaltsam aufzutreten und in vielfacher Hinsicht eine gewisse Kompetenz auszustrahlen. Die „heiße Luft", die dabei meist nur versprüht wurde, verpuffte oft erst, nachdem der erste positive Eindruck bereits erfolgt war. Gewissensbisse aufgrund lebensverachtender Aktivitäten während der Kriegsjahre brauchte er sich nicht zu machen, denn Werner hatte stets eher den Hintergrund bevorzugt und dabei die allgemeinen Wirren in gekonnter Weise für seine eigenen Vorteile auszunutzen verstanden. Einer der angewendeten Schachzüge war die freiwillige Meldung an die Front, wo er dann keinen einzigen Tag zubrachte. Seine Ambitionen bestanden also keineswegs darin, irgendwie den Helden zu spielen, zu kämpfen und eventuell für den „Führer"[41] sein Leben zu opfern, sondern der „hochmotivierte Soldat" erhielt dadurch „Frontzulage", was die Besoldung drastisch verbesserte; er kalkulierte dabei vollkommen sachlich, dass man jemanden mit seinen Eintragungen zunächst in der vordersten Linie vermuten würde, wo ohnehin Chaos herrsche, während er aus sicherem Abstand einigermaßen risikoarm das Ende des ganzen Gemetzels abwarten könne. Auch später machte er keinen Hehl daraus, während des gesamten Krieges nur einen einzigen Schuss abgegeben zu haben, nämlich auf ein Pferd, das schwer verletzt und eingeklemmt unter Teilen eines abgestürzten Flugzeugs entsetzlich litt und durch ihn von seinen Qualen erlöst wurde. Die Spätphase des Krieges verbrachte er auf einem italienischen Bauernhof und lebte dort – im Vergleich zu vielen anderen „Kämpfern" – beinahe „wie Gott in Frankreich", wobei es ihm in jeder Hinsicht gut erging.

Das weibliche Gegenstück – sagen wir Ilse – kreuzte nur durch Zufall seinen Weg und war erst Anfang dreißig, bereits verheiratet, jedoch in brüchiger Ehe und ebenfalls auf der Suche nach neuen Entwicklungsperspektiven – nicht unbedingt auf beruflichem Gebiet, sondern eher unter dem Aspekt einer Beziehung mit sicherer Versorgung für die Zukunft. Ihr Noch-Ehemann musste seine tiefbraunen Wurzeln aus der jüngeren Vergangenheit als Überzeugungstäter bei der Marine eher verstecken und suchte in einer Ausbildung zum Journalisten nach späteren Ent-

---

[41] Adolf Hitler (1889 – 1945), der Deutschland von 1933 bis 1945 als Diktator regierte, ließ sich stets mit „mein Führer" anreden.

faltungsmöglichkeiten auf sinnvollem Gebiet, denn sein früherer „Beruf" galt völlig zu Recht als verpönt. Trotzdem konnte man in ihm keineswegs ein Kind von Traurigkeit erkennen und er wurde so ganz nebenbei außerehelich zum zweiten Mal Vater, nachdem ihm ähnlicher Erfolg bereits vor seiner Ehe einmal gelungen war, was er Ilse erst am Morgen im Anschluss an das Hochzeitsfest gestanden hatte. Diese schlug sich nach dem „Einjährigen", was heute als mittlere Reife bezeichnet würde, und anschließendem Besuch der Modeschule mit dem Gesellenbrief als krönendem Abschluss durch die Übernahme diverser Näharbeiten, welche nicht selten die Kreation vollständiger Kleider bedeuteten, für damalige Zeit einigermaßen gut durch. Bei ihr bestätigte sich das alte Sprichwort: *„Wer nähen kann, muss niemals hungern."* Äußerlich wirkte sie durchaus von der Natur begünstigt oder sogar ausgesprochen hübsch, was dadurch betont wurde, dass sie sich als Frau vom Fach mit viel Geschmack ihre Kleider sehr geschickt selber aufbereitete und darin auch in der damaligen Mangelzeit immer unglaublich ansprechend wirkte. Sie gab sich trotz des Auftragens von reichlich Rot entsprechend der damaligen Haute Couture nicht unbedingt markant auffällig oder gar aufgetakelt, sondern setzte ihre Devise um, möglichst *„durch Unauffälligkeit aufzufallen"*.

Gewisse berufliche Ambitionen gab es, aber diese musste man eher als eine Art „Flausen" ansehen: Einmal träumte sie davon, ein Modeatelier zu eröffnen, dann war es eine Fremdenpension. Die Arbeit sollten stets Angestellte erledigen, während sie als Chefin lediglich die Richtung vorgeben wollte.

Somit konzentrierte sie sich doch lieber auf das Eingehen einer langfristig lohnenswerten neuen Partnerschaft, wofür es nun galt, gleichsam *„die Gelegenheit beim Schopf zu packen"*.

Es muss festgehalten werden, dass sich die zwei –
nicht mehr ganz so jungen – Leute bei ihrer ersten
Begegnung gegenseitig gefielen, was dazu reichte,
dass sie sich öfter miteinander verabredeten und in
den seinerzeit angesagten Lokalen trafen, die schon
wieder ihre Gäste bewirteten. Die beiden gaben einander, was der jeweils andere Teil begehrte: Sie war
beeindruckt von dem gepflegten Herrn, der damals
sowie eigentlich zeitlebens den Anschein erweckte,
als hoffnungsvoller Kaufmann kurz vor dem richtig
großen Erfolgsdurchbruch zu stehen. In seiner Hoch-
stapelei übergab er ihr sogar eine Visitenkarte, die
ihn als *„Diplomkaufmann"* auswies, obwohl kein
Hauch davon stimmte, was seine Begleiterin in ihrer
beinahe kindlich naiven Art noch nicht einmal erahnte. Sie hinterfragte auch kaum, warum er sich vor
dem Krieg offensichtlich nichts aufbauen konnte, und
war stattdessen tief beeindruckt, dass dieser großartige Kavalier bereits Auto fuhr – während es vielen
Leuten noch Schwierigkeiten bereitete, sich neue
Schuhsohlen zu leisten. Sie registrierte nicht weiter,
dass es sich bei den Fahrzeugen immer nur um Mietwagen handelte, mit denen der Geschäftsmann über
Land fuhr und ahnungslosen Leuten billigste Stoffe
als Ware der allerbesten Qualität zu weit überteuerten Preisen unterjubelte. Vollends beruhigte sie ein
Diplom, das seinem Eigner ein in Berlin absolviertes
Studium bescheinigte – lediglich ein irgendwo in Itali-
en nach eigenen Angaben gedrucktes Falschdoku-
ment. Oft begleitete sie ihren Schwarm auf solchen
Verkaufsreisen, was seinem ohnehin sicheren Auftreten einen noch seriöseren Anstrich verlieh, während sie die stets unterhaltsamen Fahrten mit großzügiger Einkehr in gepflegten Restaurants genoss
und sich dabei vielleicht schon eine Zukunft als gut
situierte Kaufmannsgattin ausmalte, die auf ein reich-
haltiges und angenehmes Leben blicken könne. Er

fühlte sich natürlich als Mann mittleren Alters von dem Interesse seiner wesentlich jüngeren und tatsächlich immer vorzeigbaren Freundin, der er offenbar in vielerlei Hinsicht imponierte, eindeutig geschmeichelt, was ihm sichtlich wohltat. Er spürte dabei ganz genau, ihr im Grunde nur etwas vorzumachen, denn hinter seiner imposanten Fassade steckte wirklich *nichts*, was diese irgendwie rechtfertigen konnte, aber der Drang des Eroberers war doch stärker und es gefiel ihm gar nicht schlecht, von seiner attraktiven Begleiterin regelmäßig bewundert zu werden sowie sich überdies auch noch mit ihr überall schmücken zu können. Über die Zukunft dachte er dabei gar nicht allzu genau nach, denn sein Leben spielte sich hauptsächlich in der Gegenwart ab und er musste schon auf sehr viele Beziehungen ähnlicher Art zurückblicken, die alle irgendwann zu Ende gegangen waren, als wieder einmal „die Luft ihr Loch gefunden" hatte. Es wurde im wörtlichen Sinne von der Hand in den Mund gelebt: Sobald erneut ein wenig Geld zur Verfügung stand, gönnte man sich einen Kurzurlaub an den schönen Bodensee oder zu irgendeinem anderen Ziel im süddeutschen Raum und spannte zunächst gelassen aus. In einem gepflegten Hotel wurde ein Doppelzimmer für ein Ehepaar gebucht, denn an der Rezeption galt damals noch nicht die Gepflogenheit, sich von neu ankommenden Gästen die Personalausweise zeigen zu lassen. Die beiden vermittelten den Eindruck eines soliden Paares, dem nach der „*Stunde Null*"[42] bereits das Einmünden auf den Erfolgspfad gelungen zu sein schien. Man sah dabei nicht, dass Ilses modische Kleider in mühevoller Handarbeit mit viel Geschick und Liebe zum Detail teilweise nur aus mancherlei Resten bestan-

---

[42] Als „*Stunde Null*" wird allgemein der Zeitpunkt im Frühjahr 1945 unmittelbar nach Kriegsende bezeichnet.

den; ebenso ließ sich nicht erahnen, dass der beinahe neue Wagen, den Werner selbstbewusst chauffierte, bloß für ein paar Tage angemietet war und dass die finanziellen Reserven gerade zur Begleichung der bei der Abreise anstehenden Hotelrechnung ausreichten. Während dieser Höhepunkte kamen die beiden einander oft näher – manchmal sogar sehr nah. Sie genossen dabei unbekümmert die Gegenwart und verschwendeten zumeist keine Gedanken an das, was kommen würde. Eines Tages brachte der selbst ernannte Diplomkaufmann von einer seiner Geschäftsreisen einen kleinen Hund mit in das inzwischen gemeinsame Zuhause, das lediglich aus einem möblierten Zimmer bestand, was zu jener Zeit jedoch angesichts der vielen zerstörten Häuser noch gar nichts Außergewöhnliches bedeutete. Das Tier war ein weißer Spitz und ganz besonders lieb. Der treue Begleiter blieb bei dem Paar, bis die räumliche Enge kurze Zeit später noch um einiges drastischer wurde…

Dann bekam er ein nettes älteres Frauchen, das ihn bis zu seinem Lebensabend liebevoll und gewissenhaft versorgte.

Seit der Währungsreform von 1948 mit der Einführung der D-Mark hatte der Schwarzmarkt schlagartig ausgedient und auch die Geschäfte mit der Landbevölkerung verliefen zunehmend schwerer, denn diese Leute ließen sich immer seltener von dem Erscheinungsbild eines seriös wirkenden Herrn im eleganten Stadtanzug beeindrucken, selbst wenn er mit einem ansprechenden Wagen vorfuhr, in dem noch eine attraktive und sehr sympathisch wirkende junge Dame mit ebenfalls städtischem Charme saß.

Die Dorfbewohner hatten durch zahlreiche Vertreterbesuche dazugelernt und fielen längst nicht mehr auf angebliche Spitzenprodukte herein, die sich nach

dem ersten Gebrauch als billigste Ramschware entpuppten.

So dachte Werner darüber nach, wie er bei seiner nicht vorhandenen Berufsausbildung wieder eine lukrative Geldquelle erschließen könne, ohne sich dafür die Finger schmutzig machen oder allzu intensiv arbeiten zu müssen. Wenn er dabei etwas ausbrütete, das an den Grenzen zur Illegalität rangierte oder vielleicht auch schon zum Teil in dieser Region anzusiedeln war, bedeutete das für ihn durchaus einen gewissen Reiz, denn so etwas galt bei ihm in erster Linie als *„clevere Geschäftsidee"*. Das Resultat seines Grübelns war schließlich eine neue Version des seit der Existenz des Geldes bekannten Schneeballsystems[43], das im Grunde zu allen Zeiten stets wieder in irgendeiner Variante erfunden worden ist und letztlich darauf basiert, dass in der Regel riesige Gewinne ausgelobt werden, welche die Opfer im Glauben an *„wundersame Geldvermehrung"* zu Investitionen verleiten sollen. Die „Geschäftsidee" funktioniert so lange, bis sich irgendwann keine Neuinvestoren mehr finden, mit deren Einzahlungen die Renditen früherer Einsteiger befriedigt werden können. Dies ist dann der Zeitpunkt für den Initiator, sich möglichst unauffällig aus der Pseudofirma zurückzuziehen und die ergaunerten „Gewinne" schnell noch mitzunehmen, während die meisten Investoren ihr Geld für immer los sind. Zum Start seines „Geschäfts" musste Werner im größeren Stil Werbematerial drucken lassen, was die stolze Summe von fünfhundert Mark – damals ein kleines Vermögen – kostete, die er natürlich nicht besaß. Ilses Tante verfügte aus dem Verkaufs-

[43] Es handelt sich dabei um Nachahmungen des *Ponzi-Schemas* nach dem Betrüger Charles Ponzi (☼ 1882, † 1949), der in Amerika agierte und ursprünglich aus Italien stammte: So wie ein Schneeball immer größer wird, wenn man ihn auf verschneitem Boden rollt, wächst die Menge der eingesammelten Gelder stetig weiter – bis zum unausweichlichen Zusammenbruch.

erlös eines Gutes in Sausgörken über ganz ansehnliche Gelder, die in den gerade wieder im Steigen begriffenen Aktien gut angelegt waren, und konnte ihrer Nichte somit ab und zu ein paar Scheine zustecken. Die Bedenken seiner Partnerin, die diese gegenüber Werners beruflichen Plänen äußerte, zerstreute der „Kaufmann" mit den lapidaren Worten: „*Das ist nun mal nicht anders im Geschäftsleben.*" Schließlich gab sie ihm das verlangte Startkapital – und sah es nie mehr. Ihr Freund bekam kurz nach Anlauf des Unternehmens „kalte Füße", denn die gleichsam regellose Phase der ersten Nachkriegsjahre war in Deutschland vorbei und es gab längst schon wieder eine wachsame Exekutive, welche auf die Einhaltung der Gesetze achtete. So wurde das soeben gedruckte Werbematerial zur Verwischung eventuell erkennbarer Spuren Packen für Packen im Kohleofen verbrannt – ebenso hätte man die fünfhundert Mark auch direkt ins Feuer werfen können, die allerdings nicht die einzige Vorfinanzierung „todsicherer" Geschäfte bleiben sollten, denn nicht jeder wird schließlich aus Schaden klug. Wenn der Verkauf von immer wieder anderen Dingen einmal für kurze Zeit funktionierte, schöpfte Ilse sofort neue Hoffnung und glaubte, dass der seit langem erwartete Durchbruch nun tatsächlich unmittelbar bevorstehe. Es wurde nach wie vor von der Hand in den Mund gelebt, so dass keinerlei Reserven blieben. Nach ein paar weiteren Kurzurlauben fühlte sich Ilse des Öfteren schlecht und eine ärztliche Untersuchung brachte ans Licht, dass sie sich in anderen Umständen befand…

Vielleicht hatte sie an diese Wendung überhaupt nicht gedacht, denn ihre immer noch bestehende Ehe war schließlich kinderlos geblieben; möglicherweise musste man in der an den Tag gelegten Unbekümmertheit aber auch einfach nur die logische

Fortführung des inzwischen eingerissenen Lebensstils erblicken, sich nämlich in erster Linie gehen zu lassen. Verhütungsmöglichkeiten, wie man sie heute kennt, gab es damals noch nicht und der einzige Weg, eine unbeabsichtigte Vergrößerung des eigenen Verantwortungsbereichs zu verhindern, bestand in einer konsequenten Selbstdisziplin gegenüber den triebgesteuerten Schwächen, welche die Natur jedem von uns geschenkt hat. Werner, der sich selber stets als geborenen Optimisten bezeichnete, nahm die Nachricht eher gelassen auf und hoffte im Stillen, dass sich die Dinge schon irgendwie regeln würden. Die Sorgen wurden verdrängt, indem beide fast jeden Abend miteinander ausgingen und dadurch erfolgreich verhinderten, dass nur ein paar Pfennige auf die hohe Kante gelangen konnten. Auf einer der gemeinsamen Verkaufsfahrten wurde Ilse plötzlich von stärkerer Übelkeit heimgesucht und sie brauchte die Hilfe eines Arztes, den Werner auch umgehend mit ihr aufsuchte. Schockiert hörte sie dort vom Nebenzimmer aus, wie er der Sprechstundenhilfe einen falschen Namen mit Fantasieadresse nannte, damit ihn die Rechnung später nicht erreichte, denn irgendein Krankenversicherungsvertrag bestand natürlich nicht. In der soeben durchlebten Phase erhielt sie von ihrem Galan ein stattliches Geschenk in Form einer zierlichen Damenarmbanduhr und lernte dabei die recht unkonventionelle Art kennen, mit der dieser größere Dinge zu kaufen pflegte: Er zahlte die Artikel meist nur an und sicherte eine verlässliche Teilzahlung zu, die dann allerdings nicht erfolgte, so dass über kurz oder lang unangenehme Besuche die Folge waren. Die Geschäftsleute ließen sich zu jener Zeit noch häufig auf solche Regelungen ein, weil sie unter allen Umständen den Warenumsatz erneut in Schwung bringen wollten. Die Raten für ihr kleines Juwel durfte Ilse dann von dem Geld, das sie sich durch Schneiderarbeiten verdiente, selber bezahlen, aber der Gerichtsvollzieher trat trotzdem wegen anderer Dinge immer wieder einmal vor die Tür.

Eine der gemeinsamen „Geschäftsreisen" klang mit einem üppigen Cafébesuch aus, wo man es sich nochmals so richtig gut gehen ließ. Beim Bezahlen gab die erst sehr junge Bedienung Werner das Wechselgeld heraus – und versehentlich auch noch den Geldschein, den sie zuvor von ihm erhalten hatte. Der Gast steckte alles rasch ein, verließ das Lokal mit seiner Begleiterin und erklärte dieser danach wie selbstverständlich, dass die Serviererin doch selber schuld sei, wenn sie nicht aufpasse.

Ilse stand nun gleichsam am Scheideweg und glaubte, drei Richtungen zu erkennen, die vor ihr lagen und von denen sie eine auswählen müsse, so dass sich für die Zukunft eine möglichst günstige und geschickte Weichenstellung erreichen ließe, bei der sie neben einer sicheren Versorgung den Chancen entsprechend auch ein nicht allzu schmales Scheibchen Wohlstand abbekommen würde:

Bei ihrem Ehemann bleiben wollte sie nicht, denn dieser musste wahrscheinlich Unterhalt sowie Alimente an die Frau bezahlen, welche vor kurzem durch ihn zur Mutter seines zweiten Kindes geworden war; möglicherweise würden weitere Verpflichtungen für das Kind vor seiner Ehe auf ihn zukommen. Überdies hatte er bislang keinen anständigen Beruf gelernt, sondern lediglich das Auslöschen anderen Lebens vom Kriegsschiff aus geübt, womit es während des seit über fünf Jahren bestehenden Waffenstillstands nichts mehr zu verdienen gab. So versprach eine Zukunft mit ihm nicht besonders lukrativ zu werden.

Ihre Freundschaft zu einem Kandidaten, der nach einem soeben abgeschlossenen Jurastudium nun erst am Anfang seiner juristischen Karriere stand, schien sich noch nicht als wirklich „gute Partie" ausbauen zu lassen und wurde deshalb vorerst verworfen.

Das Ausspielen der „Karte" des hoffentlich demnächst endlich erfolgreichen „Kaufmanns" versprach bei weitgehendem Verschließen der Augen somit noch die besten Chancen, zumal dieser ja auch um einige Jahre älter war als beide anderen Mitspieler und dadurch rein optisch jenes entscheidende Quäntchen an zusätzlicher Sicherheit erahnen ließ, das Ilse schließlich in ihrer Entscheidung lenkte. Unterdrückt wurden dabei die Erinnerungen an den schönen Wintermantel, welchen Werner eines Tages aus dem Schrank genommen und mit den Worten *„den bring' ich nur mal weg, den kriegst du ja dann auch zurück"* zum Pfandhaus geschleppt hatte. Es waren ihr die beiden Möglichkeiten geblieben, entweder das gute Stück selbst auszulösen oder einfach darauf zu verzichten. Die vielen Geldscheine, welche sie ihrem Partner immer wieder einmal auf sein Verlangen hin zugesteckt und nie mehr zurückerhalten hatte, wurden ebenfalls durch die Hoffnung auf irgendwelche zukünftigen Erfolge verdrängt, denn diese stirbt ja bekanntlich zuletzt.
Auch das äußerst unfaire Verhalten seinerzeit in der Arztpraxis sowie kurz darauf im Café hinterließ keine negativen Schatten, denn auf manche Menschen übt eine gewisse kriminelle Ader eher prickelnden Reiz aus, anstatt abstoßend zu wirken.

Unbewusst weggeschoben wurde auch Werners patzige Antwort auf Ilses verwunderte Äußerungen über jene Betrügereien, auf welche er nur geringschätzig entgegnet hatte: *„Da sieht man wieder die Beamten-*

tochter." Der Beruf ihres Vaters war tatsächlich im Gespräch einmal kurz erwähnt worden.

Hat jemand seine innere Entscheidung bereits getroffen, ist diese oft durch nichts mehr zu erschüttern. Möglicherweise vermutete Ilse jedoch auch, dass ihr Schwarm ein paar jüdische Wurzeln in seiner Familie habe und deshalb in Kürze vielleicht mit einer hohen Wiedergutmachung rechnen könne, wovon sie ebenfalls profitieren würde.

Die Tatsache, dass sie von jenem Mann ein Kind erwartete, kam ihr nun plötzlich gar nicht so ungelegen, denn sie besaß damit ein gewisses Druckmittel, von diesem bisherigen „Ehemuffel" auch geheiratet zu werden, was sich in damaliger Zeit einfach gehörte, wenn man schon die Reihenfolge der Abläufe „verwechselt" hatte. Beide zogen trotz fortschreitender Schwangerschaft fast jeden Abend miteinander los und tingelten unbekümmert durch die diversen Lokale der Großstadt. So gelang ihr schließlich unter Einsatz aller selbst im derzeitigen Körperzustand immer noch vorhandenen Reize die notwendige „Überzeugungsarbeit" und kurz nach der Scheidung[44] von ihrem ersten Mann, die *„aus beiderseitigem Verschulden"* ausgesprochen wurde, da jeder Ehepartner inzwischen eine andere Beziehung eingegangen war, kam es zwei Monate vor der Geburt ihres Kindes, das sich taktvollerweise um ziemlich genau diese Spanne mehr Zeit gelassen hatte, zur standesamtlichen Trauung. Die Unterkunft bestand nach wie vor aus einem möblierten Zimmer, in dem man dann bald zu dritt leben würde.

---

[44] Damals gab es für Ehescheidungen noch das Schuldprinzip anstelle des heute geltenden Zerrüttungsprinzips. Die Folge war, dass jeder Partner möglichst viele dunkle Punkte des anderen vor Gericht auszupacken versuchte und dadurch oftmals ungeheure Schlammschlachten losgetreten wurden.

Die erste Enttäuschung

Selbst den Abend vor der Geburt verbrachten die werdenden Eltern in einem Lokal und man fuhr dann von dort aus per Taxi direkt ins Krankenhaus, als es schließlich so weit war. Die dort folgende Phase erwies sich für Ilse als bestimmt nicht leicht und der Säugling musste durch einen komplizierten Kaiserschnitt mit anschließender Zangengeburt auf die Welt gebracht werden, was dem erfahrenen Arzt vortrefflich gelang. Es gab zu jener Zeit noch keine Ultraschalluntersuchungen, die der baldigen Mutter bereits im Groben verrieten, wem sie demnächst das Leben schenken würde, sondern das blieb eine Überraschung bis zu dem Moment, als die Schwester ihr das neugeborene Wesen dann zeigte.

Ilse hatte sich ein Mädchen gewünscht und weinte nun bitterlich, als sie erfuhr, soeben einen gesunden Jungen zur Welt gebracht zu haben. Die Gründe dafür steckten sehr tief: Der furchtbare Krieg lag erst wenige Jahre zurück und die gerade zur Mutter gewordene Frau malte sich bildlich aus, dass man ihr vielleicht sechzehn oder achtzehn Jahre später das Kind wegnehmen und aus ihm einen Soldaten machen würde, der dann in irgendeinem neuen sinnlosen Krieg einen qualvollen Tod erleiden müsse. Man kann angesichts der vorangegangenen Jahre ihre Angstgefühle bestimmt gut nachvollziehen. Sie war schrecklich enttäuscht und der schöne Strauß Osterglocken, den ihr der frisch gebackene Vater liebevoll auf den Tisch gestellt hatte, konnte sie zunächst nicht wirklich trösten. Den Namen für den kleinen Mann überließ er seiner Frau und akzeptierte dann ihre Entscheidung. Die entstandenen Krankenhauskosten beglich er hingegen nicht, da ein fairer Umgang mit Geschäftspartnern jeglicher Art schließlich noch nie Teil seiner Gepflogenheiten gewesen war.

Geordnete Verhältnisse?

Ilse hatte sich nicht getraut, die selbst verschuldete
Wende in ihrem Leben der eigenen Mutter mitzutei-
len, mit der das Verhältnis auch nicht immer so ganz
spannungsfrei geblieben war, und deshalb Werner
vor der Niederkunft gebeten, das für sie zu erledigen,
was er damit verband, sich in einem Brief bei seiner
zukünftigen Schwiegermutter, die in Norddeutschland wohnte, vorzustellen. Diese lebte als Witwe eines höheren Beamten, bezog eine entsprechende
Pension und hatte außerdem trotz des Verlustes ihrer Doppelhaushälfte in Frankfurt an der Oder nach
dem Einmarsch der Russen ein wenig Geld in Form
von Aktien über den landesweiten wirtschaftlichen
Zusammenbruch hinwegretten können. Als sie nun
erfuhr, dass ihre Tochter mit Mann und Kind in einem
winzigen Zimmer hauste, setzte sie alles daran, für
die soeben entstandene Familie in München eine
kleine Eigentumswohnung mit Gartenanteil zu erwerben. Diese lag in einem Neubau und als Käufer kamen nur die relativ wenigen Leute in Frage, die Anfang der Fünfzigerjahre bereits über das Kapital zum
Erwerb eines solchen Objekts verfügten. Somit existierte zumindest im örtlichen Sinne ein solider Ruhe-
pol, der die Rahmenbedingungen für ein geordnetes
Leben bot. Der Vater brauchte lediglich die monatlich
anfallenden Verwaltungskosten zu bezahlen, da die
Dame mit vor kurzem erlangtem Omastatus großzügig bis zu seinem beruflichen Fußfassen auf reguläre
Mietzahlungen verzichtete, die ihr im Grunde vom
ersten Tag an zugestanden wären.

Sein Beitrag zu der Immobilie war ein Telefonan-
schluss, den er trotz Ilses heftiger Bedenken wegen
der hohen Kosten von der Straße aus legen ließ. Ein
eigener Fernsprecher bedeutete zu damaliger Zeit

durchaus schon einen gewissen Luxus, welchen sich noch längst nicht jeder leisten konnte. Die Freude an der fernmündlichen Kommunikation währte allerdings nicht lange, denn sehr bald blieb der Geschäftsmann mit den Gebührenzahlungen im Rückstand und es kam unmittelbar darauf zur kostenpflichtigen Demontage des Anschlusses. Was blieb, waren Schulden bei der Post, deren Abstottern „in Mikroraten" sich noch über das nächste Jahrzehnt hinzog.

Ilses Leben änderte sich mit der Geburt ihres Sohnes, für den sie den Namen Bernhard wählte und der kurz Bernd genannt wurde, nahezu schlagartig: Sie zeigte plötzlich häusliche Eigenschaften und sorgte pflichtbewusst sowie aufopferungsvoll für ihr Kind, das sie aufrichtig liebte. Anfangs wagte es die Mutter noch nicht, dieses zu baden, was Werner dann beherzt übernahm. Gegen Ende des ereignisreichen Jahres fuhr sie zusammen mit ihrem Säugling in der Eisenbahn für ein paar Tage zur Großmutter nach Süderbrarup hoch im Norden und präsentierte dieser sowie ihren beiden Brüdern nicht ohne einen gewissen Stolz den kleinen Schreihals. Wieder in München, blieb Ilse weiterhin die gute Mutter und kümmerte sich nach Kräften um alle damit verbundenen Pflichten. Als ausgelernte Schneidergesellin verstand sie es, die Kinderkleidung weitgehend selber zu nähen, was der jungen Familie viele Ausgaben ersparte. Vielleicht trug sie in ihrem Unterbewusstsein noch immer die Enttäuschung darüber mit sich, nun einmal einen Sohn und keine Tochter zur Welt gebracht zu haben: Sie zog ihr Kind, das sich als mäßig intelligent aber mit umso schwierigerem Charakter entwickelte, stets äußerst adrett an, als ob in der nächsten halben Stunde ein Fototermin für Kindermoden anstünde, und ließ dem Jungen die Haare extrem lang wachsen, so dass jeder, der ihn nicht kannte, zu der Überzeugung gelangte, eine „ganz junge Dame" vor sich zu haben. Ilse war jedoch vernünftig genug, ihrem Bernd keine Mädchenkleider anzuziehen, denn sie wusste instinktiv, durch solch dümmliche Aktionen das Geschehen gewiss nicht mehr ändern zu können, und wollte die natürliche Entwicklung ihres geliebten Kindes ganz bestimmt nicht stören.

Werner war ebenfalls glücklich und genoss es, mit seinem gepflegt gekleideten Sohn sonntags spazieren zu gehen, während die Mutter daheim das Essen vorbereitete. Gerne besuchte er dann Bekannte und ließ sich als Vater durchaus ein wenig bewundern. Auch ebnete das nett anzusehende Geschöpf den Weg zu manch einem zwanglosen Gespräch mit attraktiven Frauen, zu dem es sonst vielleicht nicht gekommen wäre. Ein häufig angesteuerter Zielpunkt war das Kinderkarussell im Englischen Garten, wo die Kleinen für kurze Zeit unter harmonischer Musik auf einem der Pferdchen sitzen und im Kreis fahren durften. Trotz ständiger Geldknappheit waren die zwanzig Pfennig für ein paar Rundfahrten immer noch vorhanden und der oft stolze Vater versäumte es auch nicht, sämtliche markanten Entwicklungsschritte seines Stammhalters fotografisch festzuhalten, obwohl ein Schwarz-Weiß-Film sowie das dann erforderliche Entwickeln noch als recht kostspieliges Vergnügen galten. Ebenso spielte er gerne mit seinem Nachwuchs und konnte sich dabei gut in dessen gerade aufkeimende Gedankenwelt hineinversetzen.

Der Vertreter verfolgte nach wie vor seine unterschiedlichen Geschäfte und verdiente manchmal wirklich gut, wovon allerdings nach alter Manie nichts übrigblieb, dann wieder kaum etwas, so dass noch nicht einmal die Verwaltungskosten für die gemeinsam genutzte Wohnung bezahlt werden konnten und

Großmutter diese selber tragen musste. Obwohl sich die Geldnot zuweilen regelrecht beißend anfühlte, erhielt der Junge immer genug zu essen; eher hungerte Ilse und behielt als unbeabsichtigten Nebeneffekt ihre schlanke sowie ansprechende Figur selbst während der „gefährlichen" Lebensjahre, in denen manche Frau äußerlich förmlich „aufgeht".

Als es nach längerer Durststrecke finanziell wieder leicht bergauf gegangen war, wurde ein eigener Wagen gekauft – ein gebrauchter Volkswagen mit geteilter Heckscheibe, der damals das Straßenbild prägte und heute ein Vermögen wert wäre, wenn er noch existieren würde. Der Familienvater besaß damit als einer der ersten in der soeben fertiggestellten Wohnanlage ein Auto und erweckte durchaus den Anschein eines erfolgreichen Geschäftsmannes. Der Kauf war natürlich wiederum nach Werners Art abgelaufen: Dieser hatte einen Teil des ausgehandelten Preises bezahlt und mit dem Vorbesitzer den Rest in Ratenzahlung ausgemacht. Als die Postanweisungen[45] ausblieben, wurde der frühere Eigner bald vorstellig und bat um sein vereinbartes Geld, wobei der neue Halter ihn abwies und plötzlich anfing, über den Wagen zu nörgeln, was sich bei einem alt gekauften Fahrzeug ja immer irgendwie begründen lässt. Er wurde rasch laut und drängte den jungen Mann durch Einschüchterungstaktik in die Position, eindeutig im Unrecht zu sein, bis dieser schließlich aufgab und von seinen berechtigten Forderungen irgendwann ganz abließ.

[45] Bargeldlose Überweisungen, wie man sie heute praktiziert, waren damals noch wenig verbreitet, da längst nicht jeder ein Girokonto besaß. Bei der Postanweisung kam der Geldbriefträger zu dem Zahlungsempfänger und überbrachte den Betrag in Scheinen.

Als der kleine Bernd seinen dritten Geburtstag erlebt
und bei diversen Geschenken gefeiert hatte, zu denen auch ein schönes rotes Dreirad mit elektrischer
Vorderbeleuchtung gehörte, das den Kinderwagen
ablöste, nahm sich die Familie im folgenden Sommer
die weite Fahrt bis zur Großmutter vor – also fast
durch ganz Deutschland. Als Gefährt diente der mittlerweile bereits etwas betagte schwarze Volkswagen,
der seine Aufgabe bei den noch gar nicht wieder be-

sonders guten Straßen ohne eine einzige Panne bewundernswert meisterte. Das Dreirad wurde neben Bernd auf den Rücksitz gestellt und die eingeschränkten Platzverhältnisse reichten für die bescheidene Menge an Utensilien, mit denen man damals auskam, vollkommen. Kindersitze gab es noch nicht und somit bestanden auch keine Vorschriften in dieser Richtung. Die Motorleistung von noch nicht einmal fünfundzwanzig Pferdestärken erscheint für heutige Verhältnisse kaum erwähnenswert, genügte jedoch zur damaligen Zeit vollauf, zumal viele andere Verkehrsteilnehmer noch ähnlich schwach bestückt waren.

Im Norden angekommen, lernten sich Werner und die Familie seiner Frau persönlich kennen. Er hatte bei der ausgeübten beruflichen Tätigkeit natürlich keinen Urlaub, sondern quasi die Arbeit mitgenommen. Inzwischen verkaufte er Schulbücher und ließ sich diese bei Geschäftsabschluss im Voraus bezahlen. Da ihm Geld immer förmlich durch die Finger rann, war er dann nicht in der Lage, die bestellte Ware dem Verlag abzunehmen, weil die Mittel zur Begleichung der Kosten schon wieder fehlten; dann wurde eben nichts geliefert. Die Käufer vermuteten anstelle des bodenlosen Leichtsinns, der vorausgegangen war, einen handfesten vorsätzlichen Betrug und zeigten den windigen Vertreter reihenweise an, woraufhin die Polizei mit Haftbefehl nach ihm fahndete, ja sogar eine Radiowarnung veranlasste, in der die Bevölkerung unter Aussetzung einer Belohnung um Mithilfe gebeten wurde. Bald darauf erfolgte die Festnahme und Werner geriet in Braunschweig, wo er sich gerade aufhielt, in Untersuchungshaft.

Ilse und der Kleine blieben bis kurz vor Weihnachten bei der Großmutter und lebten mit von deren Witwenpension. Die Kosten für die Eisenbahnfahrt nach München wurden ebenfalls von der Oma übernommen, woraus manch laute und sogar handgreifliche Auseinandersetzung seitens der Tochter entbrannte: Sie beschimpfte ihre Mutter gleich zweimal als *„du Schwein!"* und schlug mit einem Kissen los, was natürlich keine Verletzungsgefahr bedeutete. Das erst dreieinhalbjährige Kind bekam alles genau mit und fragte später bei seiner Mutter nach. Diese antwortete ihm beschwichtigend: *„Ich habe nur das Kissen ausgeschüttelt und nicht gesehen, dass Großmutti da stand."* Der Junge glaubte die Version nicht, übernahm aber mit einiger Zeitverzögerung das Schimpfwort *„du Schwein"* in seinen gerade im Wachsen begriffenen Sprachschatz. Als die Mutter ihn entrüstet fragte, woher er denn das bloß habe, lautete die Antwort ganz simpel: *„Von dir!"* Solch eine Reaktion war für Ilse wie ein Spiegel, der eine äußerst unbequeme Wahrheit ans Licht brachte. Entsprechend heftig fielen die wiederholten und vom Zorn auf sich selbst gesteuerten Sanktionen gegen ihr Kind aus…

Manchmal glaubt man tatsächlich nicht, wie viele Einzelheiten Kindern auffallen, während Erwachsene denken, dass die Kleinen davon noch längst nichts mitbekommen dürften – oder eigentlich *sollten.* So gelangte Bernd bereits sehr früh zu der Erkenntnis, dass das, was Eltern äußern, nicht unbedingt der Wahrheit entsprechen muss.

Wieder angekommen in der hübschen Neubauwohnung, begann für die temporär alleinerziehende Mutter die angenehmste Zeit ihrer zweiten Ehe, wie sie es später einmal ausdrückte:

Von der Großmutter trafen nicht nur jede Woche ein freundlicher Brief, sondern auch noch fünf Mark ein, was für die Ernährung der eineinhalb Personen gerade reichte und Ilse sogar hin und wieder den förmlich vom Munde abgesparten Kauf einer Kinokarte ermöglichte, mit der sie für knappe zwei Stunden in eine andere – meist heilere – Welt flüchten konnte, bis sie mit dem Fallen des Vorhangs die ernste und bittere Wirklichkeit erneut einholte.

Gerne wäre die Frau finanziell ein wenig flexibler gewesen und beabsichtigte, dafür eine Arbeit aufzunehmen, was mit den Verpflichtungen gegenüber dem Kind kollidierte. Daraufhin bat sie ihre Mutter, dass diese nach München kommen solle, um dort den Haushalt zu versorgen, damit Ilse zeitlich mehr Spielraum erhalte. Mit jenem Anliegen stieß sie allerdings auf unerwartete Bestimmtheit bei der Oma, die ihrer Tochter ganz klar zu verstehen gab, dass man für sein Kind selber sorgen müsse, wenn man eines habe.

Einmal führte sie ihren kleinen Bernd in den Tierpark und bereitete ihm dort mit wenigen Mitteln ein Erlebnis, an welches er sich für alle Zeiten als das schönste seines Lebens erinnern sollte: Sie hob den gerade Vierjährigen über ein niedriges Geländer, das den Hasenstall abgrenzte, und ließ ihn eines dieser liebenswerten Geschöpfe im Arm halten, während er inmitten aller anderen stand und sich damit vollständig umgeben von den anschmiegsamen Nagetieren mit ihren weichen Näschen fühlen konnte. Der Aufseher hatte wohl selbst seinen Spaß an dem froh gelaunten Kind, das in diesem Moment wirklich restlos glücklich wirkte, so dass er gar nicht auf die Idee kam, darauf hinzuweisen, das unbefugte Betreten des Stalls sei verboten.

Ein häufiger Lichtblick waren die Besuche von Ilses Bruder, der mittlerweile als Architekt bei einem Erlanger Großunternehmen arbeitete und somit hin und wieder am Wochenende die kurze Reise nach München antrat.

Werner schaffte es mit viel verbalem Geschick, die Sachlage in Richtung seines Vorteils zu biegen und den ihm vorgeworfenen Betrugsverdacht abzuwimmeln, obwohl das Gericht einen kriminellen Vorsatz keineswegs ausschließen konnte. So endete das Verfahren schließlich mit einem Freispruch aus Mangel an Beweisen, was damals bedeutete, dass der Angeklagte für die erlittene Untersuchungshaft von sechs Monaten keinerlei Entschädigung erhielt, da ja erwiesene Unschuld bestimmt nicht vorlag. Er kam dann eines Tages direkt aus der Gefängniszelle mit seinem alten Volkswagen wieder in München an und brachte natürlich in erster Linie leere Taschen mit.
In der Folgezeit versuchte er sich in allerlei Verkaufstätigkeiten, wobei einmal Petroleumöfen vertrieben wurden, die so stanken, dass er stets Duftspray versprühen musste, damit die potentiellen Käufer nicht sogleich etwas merkten, dann Waschmaschinen oder Kartoffelschälgeräte, die mit Wasserdruck arbeiteten und von den Erdfrüchten nicht mehr viel übrigließen, jedoch zuverlässig den Abfluss verstopften. Er übte keine Berufe aus, sondern betrieb immer wieder eine andere „Sache", wie es bei ihm hieß. Über kurz oder lang war dann Schluss und die Schuld daran trugen nach seiner Schilderung regelmäßig andere Leute, die einfach solche „Vollidioten" seien, dass er sein Geschäft auch diesmal nicht erfolgreich habe durchführen können.
Als Fahrzeug diente für sämtliche Unternehmungen nach wie vor sein schwarzer Kleinwagen, dem in der Regel nicht einmal die notwendigsten Reparaturen

oder Wartungsarbeiten zuteilwurden und der trotzdem noch jeden Tag treu seinen Dienst tat, obwohl er inzwischen fast ein halbes Jahrzehnt bei ständigem Aufenthalt im Freien hinter sich hatte. Manchmal war zu Beginn eines Arbeitstags kaum noch Benzin im Tank und Werner musste von Ilse ein paar Mark erbitten, um überhaupt auf Verkaufstour fahren zu können; Frustgefühl sowie weitere unangenehme Spannung breitete sich dann über die ganze Familie, wenn er gegen Mittag enttäuscht zurückkam und oft kein einziges Stück verkauft, sondern ausschließlich Kraftstoff verfahren hatte.

Seine Frau begann in der Regel alsbald mit heftiger Schimpferei sowie massiven Vorwürfen und erhielt darauf die mokante Antwort: *„Du meinst wohl, ich habe mehr in den Taschen, wenn du herumschreist."*

Ein wenig Sorge bereitete dem Vater, dass die Bindung zu seinem viereinhalbjährigen Jungen, für den ein halbes Jahr gefühlsmäßig eine noch viel längere Zeit bedeutete als für einen Erwachsenen, vielleicht etwas schwächer geworden sein könnte; deshalb verhielt er sich diesem gegenüber in folgender Zeit eigentlich stets als guter, manchmal sogar vorbildlicher Vater und brachte ihm von fast jeder größeren Geschäftsreise eine Kleinigkeit mit.

Als der Vertreter wieder einmal praktisch keinen Pfennig mehr in der Tasche hatte, begab sich der bekennende Atheist und vehemente Kirchengegner, der bei zahlreichen Gelegenheiten meist höchst aggressiv gegen diese Institution wetterte, zum Gemeindepfarrer, um ihm seine – natürlich nach eigenen Angaben vollkommen unverschuldete – Notlage vorzujammern und eine Unterstützung zu erbetteln, die er tatsächlich in Form von ein paar Nahrungsmitteln sowie sogar etwas Bargeld erhielt.

Rings herum ging es allmählich in zwar kleinen, jedoch in der Summe schließlich kaum zu übersehenden Schritten aufwärts und der allgemeine Fleiß bei großer Motivation koordiniert mit dem System der sozialen Marktwirtschaft trug im gesamten westlichen Deutschland seine Früchte, wobei sich der in die Geschichte eingehende Begriff des Wirtschaftswunders[46] langsam etablierte. Trotzdem rangierte die Familie permanent am Existenzminimum, was bei Ilse zu einer erneuten Veränderung in ihrer Persönlichkeit führte: Die gleichsam unmögliche Verwandlung Werners in einen pflichtbewusst arbeitenden Familienvater war auch ihr nicht gelungen, zumal dieser sich immer wieder keineswegs frei von Stolz brüstete: *„Mit mir ist noch nie jemand fertig geworden."* Er hatte sich zeitlebens beratungsresistent gezeigt und glaubte, im Grunde schlauer zu sein als fast alle anderen Leute, weshalb ein Arbeiten nach dem kleinen Einmaleins für ihn nicht in Betracht komme; außerdem lebte er in der festen Überzeu-

[46] Mit dem *„Wirtschaftswunder"* wird meist die Zeit zwischen 1950 und 1973 bezeichnet, in der es zu einem unerwartet zügigen Wirtschaftsaufschwung beinahe in ganz Westeuropa gekommen war. Bei näherer Betrachtung lag jedoch kein wirkliches *Wunder* vor, sondern es wirkten mehrere Komponenten harmonisch zusammen:

- der Marshallplan als unbürokratische Starthilfe aus Amerika (finanziert mit Reichsbankgold)
- die soziale Marktwirtschaft als Motor für Eigenleistung, die sich für jeden Einzelnen lohnte
- der große Aufholbedarf nach dem Zweiten Weltkrieg
- die Vorbildfunktion des Wirtschaftstraumlandes Amerika
- der Importbedarf der USA an Konsumgütern während des Koreakriegs (1950 – 1953)

gung, seine Tätigkeiten so gut zu machen, dass es besser überhaupt nicht mehr gehe. Wenn er wieder einmal eines seiner Geschäfte „gegen die Wand gefahren" hatte und mittellos dastand, war sein geflügeltes Wort in herausfordernd frohlockendem Tonfall stets „*abwarten!*" – als ob er noch irgendeinen Trumpf quasi im Ärmel halte und nur auf den Moment warte, diesen effektvoll auszuspielen – nichts weiter als ein Ablenken von der düsteren Realität.

Sofern er sich von jemandem Geld ausgeliehen hatte mit der felsenfesten Zusage, der oder die Betreffende „*kriegt es ja wieder*", erfolgten die weiteren Schritte immer nach demselben Muster: Die hoch und heilig versprochene Rückzahlung erfolgte nicht. Bei der unausweichlichen Erinnerung daran hieß es ein wenig patzig, er müsse „*erst wechseln*" oder ganz direkt: „*Also jetzt brauchst du das Geld ja nicht.*" Somit schaukelte sich die Diskussion allmählich hoch und verlor spürbar an Harmonie. Dann erfolgte in der Regel die barsche Ansage: „*Wenn du dich so beträgst, bekommst du es überhaupt nicht.*"

Hatte er Schulden bei einem Dritten, lautete der übliche arrogante Spruch: „*Der kriegt sein Geld, wenn ich's ihm schicke.*" Oft mokierte er sich sogar noch mit der Äußerung „*wenn der so dumm ist*" darüber, ihn erfolgreich angepumpt zu haben.

Kam ein Gläubiger nach langer Wartezeit auf seine noch immer ausstehende Forderung abermals zu sprechen, hieß es ausnehmend schroff: „*Was soll denn das Gerede über diese uralte Sache? Das ist doch nun wirklich Schnee von vorgestern!*"

Rechtsberater wurden nach dem Konsultieren meist um ihr Honorar geprellt: Werner ließ sich die entscheidenden Punkte zwar zunächst erklären, drehte aber nach dem Verstehen der Zusammenhänge das Gespräch sofort so, dass er dies ja bereits alles gewusst, also überhaupt nichts Neues erfahren habe oder die Sachlage aus irgendwelchen Gründen doch vollkommen anders sei.

Als wieder einmal dringend eine Finanzspritze benötigt wurde und ein Bankkredit mangels jeglicher Sicherheiten verständlicherweise ausschied, führte der Weg zu einem privaten Geldverleiher, der seinen Kunden finanzielle Mittel anvertraut und anstelle von bereitgestellten Pfandobjekten schlichtweg höhere Zinsen ansetzen muss, um sein Risiko zu decken. Sobald die Rückzahlung anstand, fiel Werner plötzlich ein, dass *„Wucherzinsen"* erhoben würden, und er drohte dem Geschäftsmann, ihn dafür anzuzeigen, falls jener es nochmals wage, seine Rückforderungen zu stellen. Die lautstarke Einschüchterungstaktik hatte abermals Erfolg gezeigt, der allerdings auch diesmal auf keinen grünen Zweig führte.

Sobald sich ein „Umstricken" von Ilses Partner als aussichtslos erwies, geriet diese in immer größere Aggressionen, in denen ihrem Mann all seine Unzulänglichkeiten andauernd heftig zeternd vorgehalten wurden, da er es finanziell noch nicht einmal schaffte, für seine Familie eine Krankenkasse abzuschließen, die Verwaltungskosten für die kleine Wohnung seiner Schwiegermutter wiederholt für längere Zeit schuldig blieb, im Winter bei sämtlichen Kohlenhändlern der Umgebung Heizmaterial bestellte, das er dann nicht bezahlte, so dass sich die Schulden ständig weiter anhäuften und der Vollzugsbeamte erneut vorstellig wurde. Nebenbei ging Werner abends meistens in irgendwelche Lokale, so wie er es früher zusammen mit Ilse praktiziert hatte, jedoch mittlerweile alleine. Gerechtfertigt wurde dieses Verhalten manchmal mit der Floskel, dass er das schon von je her so gemacht habe und sich nun gewiss nicht mehr ändern werde; ein andermal begründete er seine regelmäßige Aushäusigkeit, bei der ja schließlich kein Geld hereinkam, sondern jedes Mal noch etwas ausgegeben wurde, damit, dass es aufgrund des ewigen Gezankes seiner Frau zu Hause einfach nicht auszuhalten sei. So kam er oft tief in der Nacht mit erkennbarem Alkoholpegel heim und man konnte bloß noch rasch die Fenster öffnen.

Ilse wirkte, als mache sie ihre vorgezogenen Wechseljahre durch, die allmählich zum Dauerzustand wurden und noch weit über das „gefährliche Alter" hinaus anhielten, ohne irgendwann erkennbar abzuebben. Es ist schwer zu sagen, ob diese permanente Streitsucht auch dann zum Ausbruch gekommen wäre, wenn ihr Mann für halbwegs geordnete Verhältnisse hätte sorgen können. Oftmals schien sie am Abend nach all dem sich pausenlos wiederholenden Geschimpfe regelrecht mit der Vorstellung einzuschlafen, den Tag über „geistig gearbeitet" zu haben, denn außer dem Haushalt in wirklich sehr begrenztem Rahmen tat sie praktisch nichts und verfolgte dabei auch keinerlei intellektuelle Interessen. Gerne und oft hielt sie ihrem Mann sein *Alter* vor – nicht, weil darin irgendein logischer Sinn steckte, sondern einfach nur deshalb, weil sie einmal erkannt hatte, dass er sich darüber ärgerte und ihm lediglich an einer als empfindlich ausgemachten Stelle einen Stich versetzen wollte, denn über sein Geburtsdatum musste sie sich ja schließlich bereits seit der Eheschließung im Klaren sein.

Werner bezeichnete sein Befinden in ihrer Gegenwart manchmal als „*die Hölle auf Erden*" und erklärte des Öfteren, dass er bestimmt ebenfalls Fehler in seiner Vergangenheit gemacht habe, der größte allerdings gewesen sei, Ilse jemals geheiratet zu haben. Zuweilen fiel die Formulierung über seinen Frust sogar noch um einiges drastischer aus, indem er äußerte: *„Ich hätte dich damals einfach stehen lassen sollen mit deinem dicken Bauch!"* – nämlich als sie ihren Bernd erwartete.

Körperliche Auseinandersetzungen ereigneten sich fast regelmäßig. Bei einer davon wurde Ilse das Nasenbein angebrochen.
Man kann durchaus sagen, dass sie solche Eskalationen manchmal ganz bewusst provozierte, indem sie beispielsweise wiederholt parallel zu den dauernden verbalen Attacken ihren Mann beim Vorübergehen irgendwie anrempelte, um dadurch zum Ausdruck zu bringen, dass er doch wegen der Enge endlich für eine größere Wohnung sorgen solle. Zweifellos war sie mit all ihren Vorhaltungen absolut im Recht, aber diese änderten nichts an den wenig erfreulichen Zuständen und für einen Schlussstrich fehlten ihr sowohl der Mut als auch jegliche eigene Initiative. Dafür redete sie lieber umso mehr vor sich hin und wiederholte ständig dieselben Anschuldigungen, wobei gerne zahlreiche „Beweise" zur Sprache gebracht wurden – bestimmte Personen, die angeblich genau ihre Worte ebenfalls geäußert hätten; häufig handelte es sich dabei um Menschen, welche bereits verstorben waren, die man also nicht mehr dazu befragen konnte. Wenn sich auch kein solcher „Zeuge" nennen ließ, galt pauschal: *„Jeder weiß das"*, *„alle Leute sagen das"* oder *„die ganze Gegend kann es bezeugen"*.

Oft erweckte sie den Anschein, gleichsam in die Zukunft blicken zu können, indem es nach irgendwelchen Vorkommnissen meist prompt hieß: *„Ich habe das gewusst."* Jedoch musste der Vorfall immer zuerst passiert sein, damit sie sich dann daran erinnerte, ihn bereits seit langem vorausgesehen zu haben. Ihre mangelnde Entschlussfähigkeit taufte sie selbstgefällig in „*Gutmütigkeit*" um, was ja tatsächlich deutlich besser klingt als der profane Begriff „*Trägheit*".

Mit Vorliebe redete Ilse auch ausführlich von ihrer vielen Arbeit im Haushalt, wobei des Öfteren die Worte fielen: „*Ich arbeite wie ein Pferd.*" Werners Reaktion bestand, sofern gerade wechselseitig gesprochen wurde, meist in der nüchternen Feststellung: „*Du hast wohl heute wieder deinen Reklametag.*"
Ihr Verhalten war vergleichbar mit dem von jemandem, der sich dazu entschlossen hat, sein Leben zusammen mit einem störrischen Ziegenbock zu verbringen, aber eigentlich lieber ein edles Pferd[47] hätte und nun darauf wartet, dass sich der Bock eines Tages in das ersehnte andere Huftier verwandelt. Da dies nicht erfolgt, wird dem Gefährten ständig vorgeworfen, was er alles vermissen lasse, obwohl das für ein Pferd absolut selbstverständlich sei.
Einmal beschuldigte sie ihren Mann, ihr das Leben zerstört zu haben und beschimpfte ihn dabei in voller Lautstärke mit „*du Mörder!*".
Sicher kann es passieren, dass sich der Charakter eines Menschen aufgrund einschneidender Ereignisse, wie beispielsweise der Ankunft eines Kindes, grundliegend ändert, aber es ist immer problematisch, wenn jemand vorhat, seinen längst erwachsenen Lebenspartner noch nachträglich gezielt „umzustricken" oder umzuerziehen und dadurch an die gegebenen äußeren Umstände oder gar die eigenen Ziele besser anzupassen. Meistens enden derartige Versuche in der vollkommenen Disharmonie oder sogar in einer Tragödie…

[47] Selbstverständlich sind beide Tiere gleich edel!

Zwei Lichtblicke

Allmählich spürte Werner, dass nach einer wieder einmal hingeworfenen Vertretertätigkeit das Finden einer neuen „Sache" mit der Zeit immer schwieriger wurde, was einerseits an seinem fortgeschrittenen Lebensalter und zum anderen natürlich an der in keiner Form vorhandenen Qualifikation für irgendeinen Beruf lag. Sein sicheres Auftreten und jener Optimismus, der ein „*Lassen Sie mich einfach mal ran!*" ausstrahlte, waren bald keine Eintrittskarte mehr, die den Zugang zu einem Unternehmen mit lukrativen Geschäftsaussichten ermöglichte, weil sich bei der angeblich so großen Erfahrung sofort die Frage aufdrängte, warum sich denn dann nicht schon längst der entsprechende Erfolg eingestellt habe. Somit überzeugte die früher stets angewendete Strategie nur noch in den seltensten Fällen. Einer von diesen war die Außendienstmitarbeit bei einer Fotofirma, für welche mit einem eigens gestellten Fahrzeug die Kunden aufgesucht werden mussten. Werner erhielt einen noch sehr gut erhaltenen Opel Olympia Rekord[48] und feierte den Aufstieg in die automobile Mittelklasse, was sein Selbstbewusstsein spürbar anhob. Der Volkswagen, der nach mehreren teilweise schweren Unfällen zweimal die Farbe gewechselt hatte, stand nun nach einer hellblauen Epoche in bereits wieder verblassendem Grün hinter dem Gartenzaun und durfte ungestört weiteren Rost ansetzen.

Bernd war inzwischen zur Schule gekommen und zeigte dort eher bescheidene Erfolge. Dazu kam, dass die ständigen Auseinandersetzungen zwischen

[48] Der Opel Olympia Rekord wurde von 1953 bis 1957 gebaut, leistete 40 PS und war zu damaliger Zeit ein beliebter Wagen im mittleren Preissegment.

den sich oftmals nicht nur lautstark verbal, sondern auch körperlich bekämpfenden Eltern bei dem Kind alsbald Verhaltensauffälligkeiten auslösten, welche heute ein Fall für den Psychologen wären. Ilse wurde zunehmend hysterischer und drohte einmal sogar in Gegenwart ihres kleinen Sohnes ganz offen damit, sich und diesen umbringen zu werden, da sie mit ihm *„im selben Grab"* liegen wolle. An eine normale Entwicklung von Bernd, der solche Eskapaden in seinem Alter natürlich noch für voll nahm, war unter den gegebenen Umständen längst nicht mehr zu denken. Ilse brachte ihm auch das Beten bei, entwickelte allerdings sofort selbst hier eine neue Machtposition, die sie sogar gegenüber dem Kind ständig anstrebte, weil es in ihrem Leben niemals eigene Autorität gegeben hatte: So drohte sie häufig mit dem Satz: *„Gott straft dich für deinen Ungehorsam!"* Abrupt beendet wurden solche Ankündigungen, als sie eines Tages die spontane Antwort erhielt: *„Mich nicht, höchstens dich, weil du immer so gemein zu mir bist."* Ilse war für ein paar Sekunden sprachlos, was bei ihr eine vollkommene Seltenheit bedeutete, und richtig schockiert darüber, eine derartige Ansage von ihrem eigenen Fleisch und Blut zu erhalten.

Hin und wieder kam es neben den ständigen Reibereien auch zu gewissen außerplanmäßigen familiären Pannen:
Nach ein paar Monaten Schule wurde dort den Erstklässlern die Aufgabe gestellt, ihre Eltern sowie sich selbst jeweils als ein Tier zu zeichnen, das dem Charakter der dargestellten Person möglichst gut entsprechen sollte. Da ein Kind mit sieben Jahren in der Regel noch nicht so tiefsinnige Überlegungen und Vergleiche anstellt, freut es sich eher darüber, wieder einmal etwas zeichnen zu dürfen, anstatt immer nur schreiben zu müssen; so „tickte" auch Bernd und

überlegte bloß, welche tierischen Mitgeschöpfe er gerne zeichnerisch darstellen wolle; dabei entsch ed sich der Schüler für einen Elefanten – wegen ces hübschen langen Rüssels, einen Hasen – vielleicht noch aufgrund der schönen Zooerinnerung – und einen Gockelhahn, weil man für den roten Kamm am Kopf den leuchtenden Buntstift einsetzen konnte. Als die Kinder alle fertig waren, sollte noch säuberlich unter jedes Bild „Vater", „Mutter" beziehungsweise „ich" geschrieben werden. So landete das Wort „Mutter" mehr zufällig unter dem Elefanten, „Vater" unter dem Hahn und „ich" unter dem Hasen. Da der Junge seine Erlebnisse aus der Schule daheim fast immer sofort freudig erzählte, erfuhr Ilse noch am Nachmittag, dass sie – eine schlanke sowie recht zierliche Frau – als Elefant dargestellt worden war, und zeigte sich daraufhin ihrem Kind gegenüber ziemlich zornig, sogar regelrecht beleidigt.

Vor ihrem Geburtstag hatte sie den bescheidenen Wunsch geäußert, ein paar neue Hausschuhe haben zu wollen, was Bernd mitbekommen hatte. Mangels eigener Geldmittel fuhr er mit dem Bleistift die Sohlen der bisherigen Schuhe auf einem großen Stück Pappe nach und schnitt sie aus; mit Buntpapier fertigte er zwei Haltelaschen dazu, die dann angeklebt wurden, so dass der Nachbau eines Strandschuhpaars entstand, das er seiner Mutter dann überreichte; diese fühlte sich ernsthaft gekränkt oder vielleicht sogar verspottet und zeigte deutlichen Unmut.

Manchmal schenkte die Mutter ihrem Kind während eines gemeinsamen Stadtbummels ein kleines Spielzeugauto, was sie ihm dann jedoch meist kurz darauf schon wieder heftig vorhielt.

Die von Werner übernommene Reisetätigkeit dauerte stolze sechzehn Monate lang und nicht mehr nur sechzehn Tage, wie es bei früheren „Sachen" des Öfteren der Fall gewesen war. Er verdiente eigentlich recht gut, aber es blieb davon wie gewohnt auch diesmal nichts übrig und ebenso bremste Ilse die teils sehr unvernünftigen Ausgaben kaum, denn man muss ja schließlich *„die Feste feiern, wie sie fallen"*; so wurden mit dem Geschäftswagen oftmals private Ausflüge in die nähere Umgebung unternommen und nach wie vor nichts auf die Seite gelegt. Ein gutes Jahr nach Beginn der Tätigkeit begann der Vertreter, gleichzeitig noch für ein anderes Fotounternehmen zu arbeiten und auch dafür eifrig das ihm anvertraute Firmenauto zu benutzen. Kurze Zeit später passierte das endgültige Zerwürfnis mit dem ersten Geschäftspartner, so wie bereits in der Vergangenheit stets jede freie Mitarbeit geendet hatte. Das Resultat waren wieder einmal leere Taschen verbunden mit dem Status eines Fußgängers sowie Straßenbahnbenutzers. Der „Brezelkäfer", wie man die Volkswagen mit der geteilten Heckscheibe heute nennt, konnte nicht mehr zum Fahren gebracht werden – schon gar nicht mit Kostenaufwand Null. So kaufte ihn ein Schrotthändler für zweihundert Mark, denn damals gab es noch keine Entsorgungskosten für ausgediente Autos, sondern man bekam sogar etwas dafür. Das Geschäft wurde jedoch gleich darauf rückabgewickelt, weil dem langjährigen Halter der Erlös als zu wenig erschien. So zierte das Objekt noch viele Monate den Stellplatz am Gartenzaun, bis sich die Nachbarn irgendwann über den Schandfleck beschwerten. Bei einem erneuten Anlauf auf dem Schrottplatz bot der Händler angesichts der fortgeschrittenen Verrostung gerade noch achtzig Mark, die dann für den Kauf eines neuen Paars Herrenschuhe investiert wurden.

In der Phase des finanziellen Nichts bestand tatsächlich einmal für volle fünf Tage die Mitgliedschaft in einer Familienkrankenkasse, denn Werner heuerte als Versicherungsvertreter an, um potentiellen Kunden die Notwendigkeit klarzumachen, Partner bei einer entsprechenden Gemeinschaft zu werden; damit war die eigene Zugehörigkeit kostenlos. Nach einer Woche hatte sich allerdings auch diese Zusammenarbeit zerschlagen und es wurden stattdessen Schreibmaschinen verkauft. Da sich solche Geräte in den seriösen Fachgeschäften problemlos erwerben ließen, fing man mögliche Interessenten durch das Versprechen einer lukrativen Nebentätigkeit ein, für die jedoch eine moderne Schreibmaschine erforderlich sei, welche bei Vertragsabschluss sogleich gekauft und dann in bequemen Raten abgestottert werden könne. Wer den Köder schluckte, musste zwar für die Abzahlung seiner – auch noch überteuerten – Maschine aufkommen, zu der er sich schließlich vertraglich verpflichtet hatte, hörte aber von dem „interessanten Nebenverdienst" nie mehr etwas. Einige Zeit später wurde diese Betrugsmasche in der bekannten Fernsehsendung „*Vorsicht Falle (Nepper, Schlepper, Bauernfänger)*" als Warnung für alle Bürger vorgeführt – genau wie die famose Geschäftsidee, nach der Leute gefunden werden sollten, die in ihrer Wohnung Chinchillas[49] großzuziehen hätten, wofür sich Werner ebenfalls einmal interessierte, um Neueinsteiger anzuwerben.

Auch jener zwielichtige Schreibmaschinenverkauf fand bald wieder sein Ende und das Geld war manchmal so knapp, dass es noch nicht einmal für

[49] Chinchillas sind liebenswerte Nagetiere aus Südamerika, haben die Größe kleinerer Hasen und ernähren sich rein vegetarisch. Sie sind nachtaktiv, sehr gesellig sowie ganz besonders sauber.
Niederträchtige Menschen verüben an ihnen *Mord aus Habgier*, um sie ihres weichen Fells zu berauben, welches niemand braucht außer den betroffenen Tieren.

eine Rolle Toilettenpapier reichte. Dann wurden an bestimmter Stelle irgendeines Lokals ein paar Meter des kostbaren Gutes abgewickelt, womit man immerhin ein bis zwei Tage lang auskam. Als Bernd seinen Vater unverhofft darauf ansprach, erhielt er die aufklärende Antwort, wie wenn die praktizierte Vorgehensweise das Normalste von der Welt wäre: *„Der eine benutzt zehn Blatt; der andere braucht nur fünf Blatt und nimmt die anderen fünf Blatt mit für sich zu Hause. Da ist gar nichts bei.“*

Trotz dieses im Grunde peinlichen Rangierens dicht am Existenzminimum blieb Werners Einbildung stets ungebrochen. Man kann eigentlich nicht von Selbstbewusstsein sprechen, denn er schien sich der Situation, in die seine Art zu arbeiten schließlich geführt hatte, gar nicht wirklich *bewusst* zu sein und zeigte stattdessen eine fast schon kindische Arroganz, mit der das eigene Versagen gerne kompensiert wurde. So äußerte er beispielsweise über den Ehemann von Ilses Freundin, einen promovierten Chemiker, der bei einer etablierten Lebensmittelfirma in führender Position arbeitete, der sei *„ja nur ein kleiner Angestellter“*.

Nach einem guten halben Jahr in unmittelbarer Nähe des finanziellen Abgrunds fand Werner gleichsam den „Geschäftspartner seines Lebens“ und es begann eine Zusammenarbeit, die tatsächlich achteinhalb Jahre dauern sollte – bei seiner Mentalität weit mehr als eine Ewigkeit: Ein Kreisverlag suchte einen Mitarbeiter im Außendienst und der gute erste Eindruck in Kombination mit angeblich großen Erfahrungen erwies sich noch einmal als Passierschein für die Aufnahme einer Arbeitsbeziehung. Die erste Geschäftsidee, die der neue Partner beisteuerte, rangierte wieder dicht an den gesetzlichen Grenzen und führte bald nach Beginn zum Abbruch durch die Behörden, wobei es diesmal um den Vertrieb von Broschüren für den Kinderschutzbund ging. Trotz des erlittenen Schadens war der Verlagschef bereit für ein weiteres Zusammenwirken und Werner verkaufte jetzt Seiten für das *„Goldene Buch"* in einer immer wieder anderen Stadt, auf denen meist alteingesessene Unternehmen zu Werbezwecken ihre Firmengeschichte veröffentlichen konnten. Viele versprachen sich davon geschäftliche Erfolge, denn das handgeschriebene Buch sollte schließlich später im Rathaus öffentlich ausliegen. Somit lief die neue „Sache" eigentlich ziemlich gut und der Vertreter durfte nun mit einer Borgward Isabella TS^{50} auf Tour fahren, womit er motorisierungsmäßig erstmals „bei den Starken" mitmischte, was wiederum für einen deutlich empfundenen Imageschub sorgte, denn die Leute definierten sich oftmals über das Gefährt, das sie bewegten – insbesondere dann, wenn dieses gar nicht zu ihrem Eigentum gehörte.

Bernd war mittlerweile in der vierten Klasse der Grundschule angelangt und der eventuelle Übertritt an ein Gymnasium stand im Raum. Der Lehrer riet bei den sehr moderaten Fähigkeiten des Schülers strikt von einem solchen Schritt ab, was Ilse entschieden ignorierte, da ihr Vater schließlich Oberregierungsrat gewesen sei. Zu diesem Stand hatte sie ihn allerdings nur in ihren Reden befördert, um dadurch auch sich selbst noch ein wenig höher zu stellen. Er hatte es als promovierter Jurist zum Regierungsrat gebracht und war frühzeitig an einem Magenleiden verstorben. Ilse drehte die Sachlage gerne so, dass er ausschließlich deshalb nicht mehr *Ober-*

---

[50] Die Borgward Isabella TS wurde von 1955 bis 1961 gebaut, leistete 75 PS und galt seinerzeit als Tourenwagen (TS = **T**ouring **S**port). Das Fahrzeug verkörperte den Status, den heute ein BMW einnimmt.

regierungsrat geworden sei, weil er zur Zeit des Nationalsozialismus die Parteizugehörigkeit abgelehnt habe, was sich bei einfachem Nachrechnen als unrealistisch erwies: Bernds Großvater war bereits 1935 seiner Krankheit erlegen, nachdem das Regime erst zwei Jahre vorher die Macht erlangt hatte, und eine Diktatur benötigt in der Regel ein gutes Jahr, um sich mit sämtlichen Restriktionen gegen Nichtmitläufer zu installieren. Im Folgejahr war der Regierungsrat aus gesundheitlichen Gründen lediglich begrenzt arbeitsfähig, so dass eine berufliche Beförderung ohnehin gar nicht mehr zur Debatte gestanden wäre. Solche Denkspiele durfte man in Ilses Gegenwart selbstverständlich nicht anstellen, da dann sofort ziemliche Aggressionen folgten. Was sie sagte, hatte so zu sein und war nicht noch irgendwie zu hinterfragen oder auch nur zu „hinterdenken". Außerdem fühlte sie sich aufgrund der beruflichen Position ihres Vaters zeitlebens als *„höhere Tochter"*. Dabei wurde auch ihre eigene Schulbildung meist geschönt, indem es hieß: *„Ich war auf der Oberschule und habe das Lyzeum*[51]*."* Die absichtliche Vermischung von Schulart mit Schulabschluss sollte man dabei nach Möglichkeit überhören. Fragte jemand dennoch genauer, lautete die Antwort gerne: *„Damals gehörte es sich nicht, dass man als Mädchen die Oberschule bis zum Ende besuchte."*

So wechselte der Sohn trotz schlechter Prognosen auf das Gymnasium und zeigte dort ebenfalls Erfolge, die sich oft tief im untersten Segment bewegten. Als er gegen Ende der Ferien einmal darüber stöhn-

---

[51] Das *„Lyzeum"* war seinerzeit die Form des Gymnasiums für die Mädchen.
Beendete man dort die Schulausbildung nach der *„Untersekunda"*, was bei heutiger Zählung der zehnten Klasse entspricht, hatte man das *„Einjährige"*, also die Mittlere Reife.

te, dass bald wieder die Schule beginnen würde, erklärte Ilse ihm ganz einleuchtend: *„Es muss doch nun mal sein. Du siehst ja an deinem Vater, was bei der Faulheit herauskommt!"* Wenn Werner derartige Äußerungen mitbekam, festigte sich bei ihm der Eindruck, seine Frau hetze auch noch das Kind systematisch gegen ihn auf. Dies war allerdings gar nicht der Fall – zumindest nicht immer: Ilse verspürte nach wie vor ständig den Drang, Macht auszuüben, und sah in dem kleinen Bernd idealerweise ihren verlängerten Arm: Wenn mit dem Vater wieder absolute „Funkstille" herrschte, durfte ebenso der Sohn keinen Kontakt zu ihm haben, ja noch nicht einmal auf dem Gehweg nebenherlaufen, falls beide in dieselbe Richtung mussten, und die Anweisung lautete sogar oft: *„Du tust einfach, als ob er nicht da wäre!"* Wenn es ihr dagegen für irgendwelche Vorhaben plötzlich zweckmäßig erschien, „gut Wetter" zu machen, lautete die Verhaltensvorgabe: *„Sei ja anständig zum Vater!"* Dabei konnte das Ziel binnen weniger Stunden oder sogar Minuten ins Gegenteil umschlagen. Diese „Flexibilität" in Verbindung mit einer vollkommen uneingeschränkten Solidarität erwartete sie einfach von ihrem Sohn, dem es tatsächlich einleuchtete, dass permanente Arbeitsminimierung bestimmt kein Weg zu dauerhaftem Erfolg sein könne, was in ihm eine gewisse Portion Fleiß freisetzte, die für sein gesamtes weiteres Leben entscheidend bleiben sollte – also eine Art richtige Weichenstellung.

Auf seinen Geschäftsreisen verstand es Werner immer gut, diesen auch ihre angenehmen Seiten abzugewinnen. So besetzte er gerne die leeren Plätze im Wagen mit Leuten, welche ihm eine Mitfahrerzentrale nannte; damit gestalteten sich die Fahrten für sämtliche Insassen unterhaltsamer und ein Teil der Unkosten war aufgrund der eingenommenen Gebühren abgedeckt. Einmal rief während einer solchen Fahrt der besorgte Ehemann einer Mitfahrerin aus Ulm bei Ilse an und erklärte, dass der Wagen, in dem zurzeit seine – sehr gut aussehende – Frau reise, seit einem Tag überfällig sei und er gerne den Grund dafür erfahren wolle. Der gerade elfjährige Bernd wurde kreidebleich vor Angst um den Vater, als er den Inhalt des Telefongesprächs mitbekam.

Die Mutter blieb dagegen gelassen, entwickelte keinerlei innere Unruhe und erahnte einen eher zwischenmenschlichen Ursprung für die Situation, die sie ihrem Mann zu gegebener Zeit gehörig „unter die Nase reiben" würde. Am Abend meldete sich der Anrufer erneut und berichtete, dass seine Ehehälfte jetzt wohlbehalten angekommen sei, jedoch auf keine Fragen etwas sage und er zufällig gesehen habe, dass sie vor der Haustür einer grauen Borgward Isabella entstiegen sei – genau das damals bereits ziemlich seltene Fahrzeug, das Werner bewegte. Eine gute Stunde später, was in etwa der Fahrzeit von Ulm nach München entsprach, traf auch er daheim ein und äußerte sich ebenfalls nicht zu der ominösen Geschichte. Als Ilse nachfragte, hieß es nur teils verharmlosend, teils verächtlich sowie herablassend über jene Dame: *„Na, die hättest du sehen sollen!"*

Die Vertretertätigkeit wandelte sich bald dahin, dass er hauptsächlich neue „Verkaufsgenies" anzuwerben versuchte und mit dem Kreisverlag eine Art Beratervertrag abgeschlossen wurde, welcher ihm auf unbestimmte Zeit regelmäßige Einkünfte in großzügiger Höhe garantierte, ohne dass die dafür zu erbringenden Leistungen exakt beschrieben waren. Das führte dazu, dass nichts mehr verkauft wurde, sofern sich keine geeigneten Vertreter finden ließen, denn Werner meinte ja, für diese Tätigkeit jetzt nicht mehr zuständig zu sein, und äußerte sogar: *„Was soll ich denn dabei machen?"* Er beschränkte sich dagegen darauf, immer wieder neue Geschäftsideen zu entwickeln, die Investitionen erforderten, welche durch andere Verlagseinnahmen gedeckt werden mussten und meist vor ihrer Reife förmlich wie Seifenblasen zerplatzten, so dass das Motto dann erneut lauten musste: *„Außer Spesen nichts gewesen".* Er befand sich nun in einem Alter, in dem andere ihrem wohlverdienten Ruhestand entgegen lebten, und wurde alsbald richtig faul. Oft bestand seine „Arbeit" während einer ganzen Woche lediglich darin, einen Geschäftsbrief auf der Schreibmaschine zu tippen. Er sagte dazu selbstgefällig: *„Manche Menschen verdienen eben mehr, wenn sie einmal in der Woche einen Brief schreiben, als andere, die jeden Tag schwer arbeiten."* Die aufgrund des ziemlich einseitig zu seinen Gunsten abgeschlossenen Vertrags nach wie vor noch fließenden Einkünfte wurden eifrig an diversen Stammtischen in den entsprechenden Lokalen umgesetzt. Die Gesprächsthemen waren dann daheim, sofern nicht gerade „Funkstille" vorlag, die unterschiedlichen kleineren und größeren Probleme der Stammtischbrüder sowie der Wahrheitsgehalt von deren Äußerungen, so dass Bernd allmählich den Eindruck gewann, sein Vater sei so eine Art „Gesellschaftskritiker" und von einem Mitschüler eines Tages gefragt wurde, ob der Beruf seines alten Herrn vielleicht Freiherr sein könnte – wegen der vielen freien Zeit. Auch Ilse fand wiederholt Gefallen an den diversen Lokalrunden und half damit aktiv beim Ausgeben von Geld, das ihr Mann versehentlich noch behalten hatte. Gleichsam als Form der Abmahnung schrieb der Verlagschef nach langer Geduldsprobe an Werner ganz konkret: *„Auf keinen Fall dürfen Sie die wöchentlichen DM 500,- als eine Art Rente betrachten!"* Dieser sah die Situation eher locker und verstand es immer wieder, seinen Geschäftspartner für irgendein neues Projekt zu interessieren, das dann üblicherweise ebenfalls nur kostete und nichts einbrachte. Da er selber stets zu hundert Prozent an sich glaubte und dadurch einen entsprechend mitreißenden Optimismus ausstrahlte, wirkte er in seiner Vorstellung, diesmal aber ganz sicher Millionär zu werden, meist noch so weit glaubwürdig, dass der offenbar sehr gutmütige Betreiber des Kreisverlags ihn

gewähren ließ und neue Hoffnung schöpfte. Der psychologische Mechanismus, auf den ein gutes Jahrzehnt zuvor auch Ilse schon wiederholt hereingefallen war, schien nicht bloß bei ihr zu funktionieren. Die Schuld an der finanziellen Nullnummer trugen am Schluss natürlich abermals die *„unvorhergesehenen Umstände"* oder eben irgendwelche anderen Leute, mit deren *„Idiotie"* einfach nicht zu rechnen gewesen sei, aber ganz bestimmt nie der große Initiator…
Ein Indiz für die sich zuspitzende Situation war das Ausbleiben des bislang immer eingetroffenen weihnachtlichen Geschenkkorbes durch den Kreisverlag.

Zu der hohen Selbsteinschätzung kam die Überzeugung, auf juristischem sowie wegen der einstigen Tätigkeit als angelernter Heilpraktiker auch auf medizinischem Gebiet gleichsam ein *„Autodidakt"* zu sein. Der gewisse Drang zum Angeben konnte keineswegs übersehen werden. So hatte Werner einmal gleich für zwei Wochen im Voraus sein „Honorar" erhalten und demonstrierte dies am Stammtisch beim Begleichen der Zeche mit den erhabenen Worten: *„Ich habe immer tausend Mark bei mir."*

Eine ausgeprägte „Stärke" bestand darin, bei Konflikten oder Streitigkeiten jeder Art die Schuld sofort auf die Gegenseite zu schieben, sogar wenn die Sachlage vollkommen eindeutig *für* diese sprach. So kam er beispielsweise eines Abends mit einer gewissen Menge Alkohol im Blut in seinem Auto nach Hause, öffnete zum Aussteigen hastig die Fahrertür und brachte dadurch eine Radfahrerin zu Fall, die er natürlich zuerst hätte vorbeifahren lassen müssen. Zwar half er ihr noch auf, schnauzte sie aber dann sogleich heftig mit dem Vorwurf an, die alleinige Verursacherin des Unfalls zu sein, weshalb sie selbstverständlich für den am Wagen entstandenen Schaden aufkommen müsse. Die Strategie lag dabei keineswegs in der Argumentation, was ohnehin zwecklos gewesen wäre, sondern ausschließlich in der *Lautstärke* des direkt schon proletenhaften Gebrülls. Einmal touchierte Werner beim Ausparken das neben ihm stehende Fahrzeug und wollte einfach nur schnell davonfahren. In dem Moment erschien jedoch der Geschädigte und notierte sich die Nummer des flüchtenden Wagens. Als dessen Fahrer dies bemerkte, hielt er nochmals an, stieg aus und brüllte den Unfallgegner nach alter Manie einfach nieder, wobei die Worte fielen: *„Haben Sie sich doch nicht so albern! Man sieht ja überhaupt nichts.“* Zuweilen begegnen einem in solchen Situationen Mitmenschen, die leicht einzuschüchtern sind und sich gegen derartig dreiste Flegel leider nicht entsprechend zur Wehr zu setzen wissen.

Kurze Zeit später wiederholte sich der Vorfall an einer anderen Stelle, jedoch diesmal erschien der geschädigte Besitzer nicht vor Ort, aber mehrere Personen hatten das Geschehen beobachtet und sich auf jeden Fall das Kennzeichen des Verursachers gemerkt. Somit verfasste Werner auf einem Zettel eine knappe Mitteilung an den Geschädigten, wobei er schrieb, dass dieser wegen seines ungeschickten Parkens schuld sei. Das Stück Papier wurde unter den Scheibenwischer des angestoßenen Wagens geklemmt und die Angelegenheit war wieder einmal bei bestem Gewissen erledigt.

Ob die eingetragene Adresse nun der Wahrheit entsprach oder auf Fantasie beruhte, blieb ein Geheimnis. Fest steht, dass sich nie jemand meldete, der irgendeinen Schadenersatzanspruch geltend machte. Wenn Ilse ihr Missfallen äußerte zu so einem Verhalten gegenüber den Mitmenschen, fiel oft der genervte Satz: *„Rede doch nicht immer über Dinge, von denen du nichts verstehst!“*

Obwohl diese von solchen „Spielchen" kaum direkt betroffen war, wuchs auch dadurch ihre Abneigung gegen Werner, der sie mit ständigen Anschuldigungen freien Lauf ließ; meist ging es um Geld für Sachen, die in anderen Familien ganz selbstverständlich seien, aber daheim einfach nicht zustande kämen.

Da die kleine Wohnung bloß von einem Kohleofen im vorderen Zimmer beheizt werden konnte, bezahlte die Großmutter eine mit Gas betriebene Etagenzentralheizung, was Ilse lediglich organisieren musste. Als die Installationsfirma den zugesagten Fertigstellungstermin nicht einhalten konnte, schaltete sich Werner selbstbewusst ein und trat dort auf, als wäre er alleine der zahlende Auftraggeber, was ihm sichtlich Spaß machte, obwohl seine Schwiegermutter den gesamten Einbau finanzierte. Ein wenig Angabe tat ihm stets gut…

Einmal hatte er in Berlin zu tun und wohnte dort bei Freunden; Ilse beschloss spontan, ihm mit Bernd dorthin nachzureisen und ihn zu fragen, „was er sich eigentlich denkt" – also ihre Unzufriedenheit auf zahlreichen Gebieten wiederum zum Ausdruck zu bringen. Durchdacht war diese Aktion kaum: Sie hatte in jener Großstadt keine Unterkunft und auch nicht die Mittel für das Wohnen in einem Hotel. Da ihre Barschaft noch nicht einmal für die Fahrkarten reichte, verlangte sie von ihrem Sohn, ihr seine gesamten Ersparnisse von dem seit Jahren zurückgelegten und immer extrem bescheidenen Taschengeld dafür zu geben; falls er nicht alles herausrücke, würde sie sich nie wieder um ihn kümmern. Die Durchführung jener „Schnapsidee" scheiterte nur daran, dass am Samstag, als Ilse der „großartige" Plan eingefallen war, die Stadtsparkasse geschlossen hatte und Bernds Sparbuch somit nicht geplündert wurde.

Einschneidende Ereignisse

Werner hatte nach dem Krieg seine Schwester aus den Augen verloren und auch über den Suchdienst des Roten Kreuzes, der mit Unterstützung durch das Radio Menschen wieder zusammenführen sollte, die das Chaos in verschiedene Richtungen verschlagen hatte, kein Lebenszeichen mehr von ihr empfangen. Somit schien es, als sei sie mittlerweile verstorben. Er erinnerte sich jedoch an den Namen ihres Ehemannes sowie dessen letzten Arbeitgeber. So fand sich eines Tages bei einer Geschäftsreise durch günstige Umstände die richtige Spur und der seit langem gesuchte Kontakt ließ sich kurz darauf herstellen. Sie war mit einem promovierten Ingenieur in leitender Position bei VFW (**V**ereinigte **F**lugtechnische **W**erke) verheiratet und lebte in sehr gut abgesicherten Verhältnissen. Im Sommer nach dem Auffinden unternahm die Familie den Besuch im Rheinland, wo man miteinander einen harmonischen Abend verbrachte. Die Schwester äußerte Ilse gegenüber: *„Ich freue mich, dass mein Bruder so eine hübsche junge Frau gefunden hat."*

Daheim blieben die regelmäßigen Spannungen unverändert und es wurde trotz inzwischen kontinuierlicher Einkünfte nichts angespart. Auch Ilse fand kein Rezept, an diesem Zustand etwas ändern zu können, und ließ weiterhin ihre beständigen Schimpfkanonaden los, die Werner, sofern er gut drauf war, nur mit den Worten quittierte: *„Nun bist du ja wieder in deinem Element!"* Manchmal sagte er dazu noch lakonisch: *„Du willst dich also wieder rumzerren."*

Bernd bekam natürlich in der winzigen Wohnung ohne irgendwelche Ausweichzonen die ganzen Auseinandersetzungen täglich mit. Seine lediglich in Maßen vorhandene Intelligenz konnte nicht künstlich verbessert oder irgendwie „getunt" werden, jedoch versuchte er meist, sein Bestes zu geben und dadurch die auf allen Gebieten nur geringe Begabung mit umso größerem Lerneinsatz auszugleichen – so gut es eben ging. Seine Lehrer empfanden dies durchwegs als positiv und hielten ihm die Stange.

Ilse freute sich einerseits über die Erfolge ihres Kindes, wenn aber eine Schulaufgabe trotz guter Vorbereitung einmal nicht zur Zufriedenheit ausfiel, brach die Mutter zwar keine „Gardinenpredigt" vom Zaun hielt Bernd jedoch dann gerne vor, wie froh er sein müsse, nicht *„die entsprechenden Vorwürfe"* zu bekommen, was bei anderen Eltern bestimmt erfolgen würde, wohingegen sie so *„großzügig"* sei.
Werner reagierte in diesem Punkt lockerer: Einmal erhielt Bernd an einem Tag zwei Klassenarbeiten zurück und kassierte in der einen eine Eins, in der anderen jedoch eine Vier. Am Abend brachte ihm der Vater ein kleines Modellflugzeug mit und sagte dazu: *„Schau, das schenke ich dir für die Vier; für die Eins bekommst du nichts!"* So konnte er auch sein…

Der Vertreter hatte mittlerweile schon die dritte gebrauchte Borgward Isabella TS aufgearbeitet, wobei die letzte durch einen nicht von ihm verschuldeten Unfall in ihr vorzeitiges Ende geführt worden war. Allmählich wurden die Ersatzteile für diesen Wagen knapp, der damals genau jene eine Lücke auf dem Automobilmarkt schloss, die BMW erst Jahre später auszufüllen vermochte, und man fand nicht mehr quasi an jeder Ecke einen gut erhaltenen Nachfolger für seinen verunfallten oder zugrundegerichteten Borgward. Finanziert wurden alle drei Fahrzeuge übrigens durch den Kreisverlag, bei dem bereits ein ansehnlicher Schuldenberg aufgelaufen war. Der Chef befand sich jedes Mal in der Zwickmühle, da sein Partner ja zur Abwicklung der gemeinsamen Geschäfte mobil sein musste und nach wie vor über keine eigenen Geldmittel verfügte, weil bei dem unveränderten Leben von der Hand in den Mund einfach nichts angespart wurde.

Bei der Suche nach einem geeigneten Gebrauchtwagen entschied sich Werner für einen erst gute drei Jahre alten Mercedes der untersten Benzinerklasse[52], den er mit der Entschädigung durch die Haftpflichtversicherung seines letzten Unfallgegners anzahlte und dann in den nächsten zwei Jahren abstottern musste, denn aus eigener Tasche hatte er für seinen Traum auf Rädern gerade einmal fünfhundert Mark beisteuern können. Er fühlte sich nun wie bei der Ankunft im automobilen Olymp und somit auch gleichsam als Mitglied der gesellschaftlichen Oberschicht. Als das Fahrzeug schließlich abbezahlt war, begann es bereits, deutliche Verschleißerscheinungen zu zeigen, da der erforderliche Kundendienst selbstverständlich niemals vorgenommen wurde. Erst, wenn etwas kaputt und die Funktion nicht mehr gewährleistet war, kam es zu einer Reparatur auf Low-Cost-Basis. Abgenutzte Reifen wurden durch runderneuerte billigster Sorte ersetzt, von denen sich dann bei den meist gefahrenen hohen Autobahngeschwindigkeiten der Gummi gleich fladenweise ablöste und mit starker Geräuschentwicklung gegen die Radkästen knallte.

[52] Der Mercedes 190 c wurde von 1961 bis 1965 gebaut, leistete 80 PS und war damals ein Wagen der oberen Mittelklasse. Bekannt wurde das Fahrzeug wegen seiner Peilstege, die ebenso in der Oberklasse das Einparken erleichterten, auch als die *kleine Heckflosse*. Stark verbreitet war vor allem die wirtschaftliche Dieselausführung – hauptsächlich im Taxigewerbe.

Damit wiederholte sich das Schicksal des Volkswagens jetzt lediglich auf höherer Ebene.

Beruflich war Werner weiterhin freier Mitarbeiter beim Kreisverlag und dabei ständig auf der Suche nach irgendeinem Geschäftssystem, das im Anschluss an eine kurze Phase des „Einfädelns", wie er gerne dazu sagte, immer nur Gewinne abwirft, ohne dass dafür noch Arbeit hineingesteckt werden muss. Mit rosiger Zukunftsmusik machte er beim Verlagschef wiederum Gelder für das erforderliche Startkapital locker, die dann endlich eine kaufmännische Variante vom „Perpetuum mobile"[53] ermöglichen sollten.
Einst beschwichtigte er den Verlagschef mit den altklug klingenden Worten: *„Bei jedem Unternehmen muss man zunächst einmal hineinstecken. Wenn ein Autowerk ein neues Modell herausbringt, dann kostet dies natürlich auch erst, bevor die Gewinne fließen."*

Nach ein paar Jahren verstarb die wohlhabendere von Ilses beiden Tanten und die Nichte erbte ein elftel des Besitzes, was auch noch einen recht anständigen – und vor allem vollkommen ungewohnten – finanziellen Bewegungsraum ermöglichte. Als Werner die Nachricht erfuhr, brach er seine Geschäftsreise sofort ab und raste nach München, wo plötzlich ganz besondere Hilfsbereitschaft gezeigt wurde, bei der er Ilse, die als Testamentsvollstreckerin eingesetzt war, in sämtlichen Details ausführlich beriet, als wäre er ein Volljurist mit dem Gebiet Erbschaftsangelegenheiten als Schwerpunkt. Im Hinterkopf spukte natü-

---

[53] Ein *„Perpetuum mobile"* (lateinisch: sich ständig Bewegendes) ist eine – in Wirklichkeit nichtexistierende – Maschine, die zum einen permanent ohne Energiezufuhr in Bewegung bleibt, außerdem aber nach einmaliger Aktivierung andauernd aus Nichts Energie generiert.

lich die Aussicht darauf, von dem bald zufließenden Aktienpaket einen beträchtlichen Teil abbekommen zu werden, und er bot der Erbin sogar an, sie könne das Geld bei ihm in seinem gerade verfolgten Geschäftsmodell anlegen. Ilse ging auf solche zweifelhaften Angebote in keiner Weise ein und versuchte schließlich, die immer aufdringlicher werdenden Beratungsbemühungen stückchenweise abzuschütteln.

Werner vertrat offenbar die Ansicht, dass ihm für sein Engagement, das im Grunde vollkommen überflüssig war, weil die Banken eine weitaus kompetentere Beratung erteilen konnten, ein großzügiger Gegenwert zustehe, und beschwerte sich später sogar mehrmals lauthals, indem er zutiefst beleidigt äußerte, von dem geerbten Vermögen *„nicht einmal eine Tafel Schokolade"* abbekommen zu haben. Damit hatte sich sein häufig zitierter Spruch erneut bewahrheitet, es sei *„nichts so schwer wie an das Geld anderer Leute heranzukommen"*. Genau das war der diesmal nicht von Erfolg gekrönte Versuch gewesen.

Bei Ilse blieb das Bewusstsein, zum ersten Mal in ihrem Leben über mehr finanzielle Mittel zu verfügen, als zur Abdeckung der einfachsten Mindestbedürfnisse erforderlich war, nicht ganz ohne Folgen: Sie verschwendete kein Geld, sondern erfüllte sich allenfalls seit langem gehegte Wünsche in den Bereichen von Schmuck und Mode, aber ihre Arroganz wuchs zusehends, denn sie fühlte nun plötzlich den von je her ersehnten Hauch von Macht, was sich beispielsweise in einer früher niemals bei ihr zu erkennenden herablassenden Behandlung von Kellnerinnen und anderen Dienstleistern zeigte; besonders ihrem Mann gegenüber empfand sie jetzt fast ausschließlich Oberwasser, was dieser oft genug deutlich zu spüren bekam.

Bekanntermaßen enthemmt Alkohol nicht nur, sondern fördert auch in ganz erheblichem Maße die Selbstüberschätzung: Eines Abends war das Ehepaar zusammen durch ein paar Lokale gezogen und beide hatten sich bereits einen gewissen Pegel aufgebaut. Werner wollte seine Frau bis vor die Haustür bringen, dann jedoch alleine noch weiter das Nachtleben genießen; so ließ er sie aussteigen, verriegelte von innen die Tür und machte Anstalten, erneut loszufahren, was Ilse zu verhindern suchte, indem sie den Wagen von außen krampfhaft am Türgriff festhielt; da der Motor natürlich stärker war, wurde sie beim Anfahren umgerissen, stürzte und verletzte sich dabei unschön am Knie. Ihrem Bernd erzählte sie dann am nächsten Morgen, von seinem Vater vorsätzlich angefahren worden zu sein.

Gemäß der Natur war auch sie inzwischen freilich älter geworden und dadurch über den Höhepunkt ihrer Attraktivität hinausgelangt, die in der Vergangenheit das hauptsächliche „Betriebskapital" bedeutet hatte. Jene vollkommen normale Entwicklung kompensierte sie meistens mit der Parole:
„Ich bin jung, ich habe Geld!", welche wiederum eine Art versteckte Drohung darstellen und die stets angestrebte *Macht* demonstrieren sollte.
Garniert wurden solche Anspielungen oftmals mit der unverblümten Aussage, dass sie von allen „*so nett*" behandelt werde und überhaupt
die Männer immer noch hinter ihr her seien.
Wenn sich der Partner gut gelaunt fühlte, konterte er bloß spöttisch mit den Worten:
„Das müssen ja wohl Bekloppte sein!"
Einer von Bernds Freunden hatte einen älteren Bruder, der als recht attraktiver junger Mann angesehen werden konnte. Von diesem erklärte Ilse, dass er sich später einmal eine Frau wie sie wünsche, was

ihr angeblich dessen Mutter erzählt habe. Ob diese Episode nun der Wahrheit entsprach oder im Rahmen von Eigenwerbung in die Welt gesetzt wurde, konnte nicht wirklich geklärt werden.

Liebend gerne unterstrich sie in ewigen Monologen, wie Werner es bei jedem Anlass genieße, sich mit ihr überall sehen zu lassen und sie an seiner Seite zu haben.

Geradezu allergisch reagierte dieser, wenn Ilse wieder einmal äußerte: *„Ich lass' dich abführen!"* Meist fing sie sich dafür eine zusätzliche Tracht Prügel ein, obwohl es für solche Ankündigungen keinerlei rechtliche Basis gab, sondern lediglich der *Wunsch* zum Ausdruck gebracht wurde, so etwas jederzeit tun zu können – also abermals die erträumte *Macht*.

Dieselbe Wirkung erreichte sie mit dem wiederholt getätigten Ausspruch: *„Gesessen hat er wegen Betrug!"* – ein gezielter Hinweis auf die damalige Untersuchungshaft in Braunschweig.

Bei einer der zahlreichen „Meinungsverschiedenheiten" schlug Werner seiner Ilse mit einem vollen Essenteller derart brutal auf den Kopf, dass sie eine blutende Platzwunde davontrug und Bernd die Polizei zu Hilfe holen musste. Der Vater versuchte sich herauszureden, indem er verharmlosend von einer *„Abwehrbewegung"* sprach, die nichts weiter als eine *„Folge der Umstände"* gewesen sei.

Ein andermal glaubte Werner, Ilse für irgendetwas „bestrafen" zu müssen oder empfand einfach heftigen Zorn über ihre finanzielle Beweglichkeit, an der er nicht teilhaben konnte:

Seine Frau hatte sich ein neues Kleid gekauft und ließ es an der Schrankseite ein wenig aushängen, als ihr Mann das schöne Stück sah und nach kurzem Streit wegen eines anderen Anlasses spontan zerriss. Am nächsten Tag kaufte sie die Modekreation einfach noch einmal, was natürlich den Hass und Neid ihres Ehepartners erneut zum Sieden brachte. Dieser machte sich wiederholt Luft mit ausgesprochen unschönen Aussprüchen wie:

„Du wirst mir von Tag zu Tag widerlicher!"
oder
„Und so ein Dreckstück hat man nun geheiratet!"

Das letzte große „Geschäft"

Man schrieb die frühen Siebzigerjahre und in Deutschland rollte die Sex- und Pornowelle in Form von Aufklärungsbüchern durch Oswalt Kolle[54] sowie zahlreichen Zeitschriften, die von Tabubrüchen lebten, welche in den Jahren zuvor niemals toleriert worden wären.

Werner hoffte, auf jenen Zug, der ihm als lukratives Geschäft vorkam, ebenfalls aufspringen zu können, und plante die Herausgabe einer Zeitung, die einerseits Beiträge im schlüpfrigen Milieu und zum anderen kostenpflichtige Anzeigen für mehr oder weniger perverse Wünsche enthalten sollte. Er besaß keinerlei Vorkenntnisse auf redaktionellem Gebiet, glaubte aber, durch den Erwerb eines Taschenbuchs über das Presserecht sämtliche juristischen Informationen zu besitzen, die für das Vorhaben erforderlich schienen. Außerdem galt für ihn stets die Devise: *„Was andere können, das kann ich schon lange."* Die Vorfinanzierung der ersten Schritte erfolgte wiederum durch den Kreisverlag, obwohl auch mit diesem die Atmosphäre bereits spürbar angespannter geworden war, denn welcher Betrieb streckt gerne ständig Geld für vollmundige Versprechungen vor, die dann lediglich in einer erneuten finanziellen Sackgasse enden?

Auf jeden Fall schien der selbst ernannte Verlagsdirektor seit geraumer Zeit zum ersten Mal ernsthaft und engagiert zu *arbeiten*: Er mietete in einer kostengünstigen Gegend ein kleines Büro inklusive Telefon an, das notdürftig mit einem Tisch, zwei Stühlen und einer Coach eingerichtet wurde. Sogar eine Sekretä-

---

[54] Oswalt Kolle (☼ 1928, † 2010) war ein deutsch-niederländischer Journalist, Schriftsteller und Filmproduzent, der sich hauptsächlich mit den Themen der sexuellen Aufklärung für unterschiedliche Altersgruppen beschäftigte.

rin engagierte er; ob diese nun offiziell angemeldet oder nur „unbürokratisch" auf Honorarbasis arbeitete, konnte nie wirklich geklärt werden. Zum Gründungsinventar gehörte überdies eine Kamera der gehobenen Mittelklasse für Personen- und Nahaufnahmen in geschlossenen Räumen. In Frage kommende „Fotomodelle" wurden einfach auf der Straße angesprochen, sofern sie nicht zu solide wirkten, aber dafür den Eindruck erweckten, ein wenig großzügigere Moralvorstellungen zu haben. Diese „Damen" mussten dann auf jener besagten Coach in ganz luftigem Outfit oder auch völlig frei davon posieren und wurden eher laienhaft als professionell abgelichtet. Als Ilse deutliches Missfallen darüber äußerte, verglich sich ihr Mann forsch mit einem *Arzt*, der schließlich seine Patienten ebenfalls behandle, wenn die Kleider abgelegt seien. Letztendlich entschied sie sich für die Taktik, zur Aufrechterhaltung ihres Moralniveaus mit gewisser Regelmäßigkeit gegen Werners neue Aktivitäten engagiert zu wettern, diese aber ansonsten so zu akzeptieren, solange das Geld fließe, das ja bekanntlich „nicht stinkt"…

Für die Texte in seinem Publikationswerk betätigte sich der Zeitungsverleger jetzt selbst als Schriftsteller und verfasste Geschichten, die meist den Anschein der Aufklärung erhielten sowie Szenen aus dem Nachtleben zum Thema hatten, deren Ausgang sich sehr rasch erahnen ließ, welche jedoch so weit gedehnt wurden, dass die erforderliche Anzahl an Zeilen zustandekam.

So gelang tatsächlich das Drucken der ersten Ausgabe, die bald als Neuerscheinung an den Wänden vieler Kioske hing. Stolz und kostenlos wurde jeweils ein Exemplar an sämtliche Verwandten sowie Bekannten verschickt. Die Zeitung sollte monatlich herauskommen und Werner arbeitete weiterhin mit einer von ihm bislang vollkommen ungewohnten Aktivität.

Gewollt provokant war ein aggressiver Artikel mit der herausfordernden Überschrift *„Ist die Bibel jugendgefährdend?"* Damit wurde unter der nicht gerade großen Leserschaft im als fromm geltenden Bayern einiger „Staub aufgewirbelt" und gewiss keine zusätzliche Sympathie in konservativen Kreisen gewonnen, aber der Herausgeber konnte als eingefleischter Kirchenhasser in dieser Form wenigstens wieder einmal seinen aufgestauten „Dampf ablassen". Eine empörte Dame sendete ihm daraufhin ein theologisches Buch, um auf gut gemeinte Art missionarisch tätig zu werden. Da sie ihn nicht persönlich kannte, war ihr die Aussichtslosigkeit einer solchen Bekehrung wohl kaum bewusst.

Obwohl die Institution der Kirche Werner niemals etwas Böses angetan, sondern ihm sogar einst finanziell aktiv unter die Arme gegriffen hatte, äußerte sich sein Hass gegen diese Einrichtung bei jeder Gelegenheit unverhohlen: Als einmal auf dem Deckblatt des politischen Magazins *„Der Spiegel"* ein Foto vom amtierenden Papst abgebildet war, hielt Werner dieses im Kreis der Familie hoch und kommentierte in voller Bösartigkeit: *„Wenn man sich alles Drumherum wegdenkt, könnte es ebenso das Gesicht eines gesuchten Verbrechers sein!"*

Zu der seinerzeit empfangenen Hilfe hieß es lediglich herablassend und geringschätzig: *„Dazu sind die doch überhaupt bloß da!"*

Das Ende brach nach der dritten Ausgabe mit einer Anzeige herein, die zu einer Gymnasiallehrerin führte und möglicherweise nur einen simplen Schülerstreich darstellte. Als die Betroffene von ihrem „Glück" erfuhr, rief sie umgehend bei der Redaktion an, wo sich Werner nun mit dem selbstbewussten Zusatz *„Verlag"* vor seinem Namen meldete, und bat inständig um sofortige Entfernung jener Annonce, durch die sie sich stark in den Schmutz gezogen fühlte. Der Verlagsinhaber blockte ab, obwohl er den Text für die weiteren Drucke problemlos noch hätte schwärzen lassen können. Damit war der Weg frei für eine handfeste Strafanzeige, welche die Staatsanwaltschaft aufgriff und schließlich einen Strafprozess auslöste, dessen Richter von der härteren Sorte war und Werner wohl auch nach dem Motto *„wehret den Anfängen"* kurzerhand zu einer drakonischen Geldstrafe über DM 60 000,- verurteilte. So war das Luftschloss vom eigenen Zeitungsverlag schon wieder ausgeträumt und das grenzwertige Blatt verschwand rasch sowie endgültig von der Bildfläche.

Eine gewisse Menge Geld blieb vorerst zur privaten Verfügung, weil weder die Rechnungen der Druckerei noch die von sämtlichen anderen Gläubigern beglichen wurden. Um einer Pfändung durch das Gericht vorzubeugen, räumte Werner das erst vor kurzem eingerichtete Bankkonto vollständig leer und bewahrte die Scheine, die all denen zugestanden wären, bei denen berechtigte Forderungen gegen ihn bestanden, daheim im Kleiderschrank auf; später bezeichnete er diese dann als seine *„Ersparnisse"*…

Inserenten, die im Voraus ihre Annoncen bezahlt hatten, ohne dass die Zeitung dann erschien, konnten natürlich ihr Geld zurückfordern, was allerdings nur ganz wenige gerichtlich durchzusetzen versuchten, weil sich viele vielleicht wegen ihrer verbreiteten Texte schämten. Erhalten hat getreu der langjährig praktizierten Geschäftstaktik natürlich kein Kunde jemals etwas. Der Initiator spottete sogar: *„Was brauchen die noch eine Zeitung, wenn sie bezahlt haben?"*
Wer die Vergangenheit kannte, musste unwillkürlich an die Geschichte mit den Schulbüchern denken, deren Kosten zunächst zu begleichen waren, die da-

nach aber nie zugestellt wurden und jene Verhaftung in Braunschweig zur Folge gehabt hatten…

Wie auch früher immer, war Werner ebenso diesmal felsenfest davon überzeugt, nicht das Geringste falsch gemacht zu haben, und gab die Schuld an der Misere ausschließlich dem *„blöden Richter"*, der ihn brotlos gemacht habe sowie den widrigen Umständen, die wieder einmal gegen ihn gearbeitet hätten. In den nächsten Wochen verbrachte er bei sonnigem Wetter täglich viele Stunden im Liegestuhl, wobei er die düsteren Zukunftsaussichten mit ausgiebigem Schlaf betäubte und sich gleichsam von der kurzen vorausgegangenen Arbeitsphase gründlich erholte; ansonsten wurde wieder nach einer neuen „Sache" gesucht, indem er regelmäßig Annoncen aus den gängigen Zeitungen ausschnitt, die das Blaue vom Himmel versprachen, sich aber ansonsten meist als reine Luftblasen entpuppten. Einmal ging es darum, Interessenten für die Einrichtung eines Warendepots zu finden, welche eine große Menge von Spraydosen erwerben und diese in ihrer Garage deponieren sollten, bis die Ware von einem *„versierten Vertreterstamm"* abgeholt und mit *„horrendem Gewinn"* für alle Seiten weiterverkauft werden würde. Solche „Geschäftsmodelle", bei denen die Aufkäufer dann auf den bezahlten Dingen sitzen blieben, waren auch zu jener Zeit nicht neu; die Variante der besonderen Firma, für die Werner neue Investoren werben sollte, zeichnete sich allerdings dadurch aus, dass zwar im Voraus kassiert, dann jedoch *überhaupt nichts* geliefert wurde, so dass wenigstens der dafür reservierte Raum nicht blockiert werden musste…
Die Presse verbreitete nach ein paar Wochen zu der praktizierten Betrugsmasche einen sarkastisch abgefassten Artikel mit der spöttisch klingenden Überschrift: *„Spraykäufer waren die Lackierten"*.

Abwärts wie im Fahrstuhl

Werner hatte inzwischen das Rentenalter erreicht, allerdings niemals irgendwelche Einzahlungen in eine wie auch immer geartete Pensionskasse getätigt. So musste er weiterhin selber für den eigenen Lebensunterhalt und den seiner Familie aufkommen. Häufig verkündete er vollkommen selbstzufrieden: *„In Rente gehen, das wär' mir viel zu langweilig!"* oder: *„Das, was ich zurzeit mache, das kann ich mit achtzig Jahren ebenfalls noch tun."* Man konnte jedoch oft sehr deutlich erkennen, dass er sich eigentlich danach sehnte, ohne materielle Sorgen entspannt das Leben genießen zu können. Dagegen brach eine ganze Flut von Ereignissen über ihn herein, als ob sich die planlose Unbesonnenheit der vergangenen Jahrzehnte nun massiv für sämtliche Versäumnisse rächen wollte:

Zunächst zerstörte er nachhaltig das Vertrauensverhältnis zu seinem Sohn durch eine körperliche Attacke nach anfänglich nur harter verbaler Auseinandersetzung, sobald ihm die Argumente ausgingen. Bernd setzte sich entsprechend massiv zur Wehr und ließ die Kommunikation mit dem Vater für viele Monate ruhen.
Gerne spielte Ilse in der Folgezeit auf diesen Vorfall an, indem sie bei einer sich wieder einmal zuspitzenden Situation ihrem Mann keck sowie herausfordernd erklärte: *„Ich hab' ja jetzt Verstärkung."* Zusätzlich spottete sie über seine damalige Unterlegenheit.

Im Verlauf des nächsten Jahres war offensichtlich zu spüren, wie das bereits angespannte Arbeitsverhältnis mit dem Chef des Kreisverlags zu bröckeln begann; dessen Eigner schien nicht weiterhin gewillt, ständig eine Art Gehalt zu bezahlen, ohne dafür außer schönen Versprechungen und Zukunftsmusik eine greifbare Gegenleistung zu erhalten. So drängte er auf den Abschluss eines neuen Geschäftsvertrags, bei dem schwerpunktmäßig die erbrachten *Leistungen* den Maßstab für die zu bezahlenden Gelder setzen sollten. Selbst dieser geduldige Partner hatte allmählich erkannt, mit welchen Luftnummern er lediglich immer wieder hingehalten wurde.

Werner ahnte natürlich längst, dass der Zweig, auf dem er seit über acht Jahren saß, demnächst abbrechen würde, was in seinen Reden gerne mit den Worten über den Verlagschef kompensiert wurde: *„Der hat durch mich das Geschäft seines Lebens gemacht, aber man kennt die Menschen nie!"* Die Antwort auf die Frage, warum für ihn gar nichts von diesem Segen übriggeblieben sei, lautete dann ausweichend: *„Das ist doch immer dasselbe: Der eine hat den Kopf, der andere eben das Geld."*

Kurz vor seiner dann gründlich missglückten Zeitungsepisode war er noch voller Optimismus gewesen, hatte im Geiste schon die reifen Früchte seiner Idee geerntet und mit dem kühnen Gedanken, diese auch alleine einfahren zu können, arrogant die langjährige Geschäftsverbindung zum Kreisverlag hingeworfen, woraus wenige Monate später das geschilderte Desaster geworden war.

Zu all den beruflichen Sorgen kam die Netzhautablösung auf einem Auge, die zu dessen Erblindung führte, was sich durch ärztliche Kunst nicht mehr aufhalten ließ.

Die Suche nach einer neuen „Sache" zum weiteren Geldverdienen blieb erfolglos und nachdem das den Gläubigern aus der Zeit als selbständiger Zeitungsverleger vorenthaltene Geld fast ein Jahr nach dem Zusammenbruch aufgebraucht war, verabschiedete sich der Motor des täglich benutzten, jedoch so gut wie überhaupt nicht gewarteten Mercedes nach einer Laufleistung von über 200 000 Kilometern. Ohne den Wagen bestand für Werner keine Chance mehr irgendwo erneut eine Vertretertätigkeit aufzunehmen, da er quasi unbeweglich war. Für die Reparatur oder Ersatzbeschaffung fehlten ihm die Mittel, denn es lag zum wiederholten Male kein einziger Schein mehr im Schrank unter der Wäsche. So rief er kurz entschlossen den einen Bruder seiner Frau an und bat diesen selbstbewusst darum, ihm die Summe für den Einbau eines Austauschmotors vorzustrecken; natürlich fehlte auch diesmal nicht die Zusicherung, dass der Architekt, der kürzlich den gleichen Anteil wie Ilse geerbt hatte, sein Geld sofort zurück bekommen werde, wenn die Möglichkeiten dazu gegeben seien, was aufgrund guter Zukunftsperspektiven in Kürze geschehen werde. Wie zu erwarten, trat dieser Fall niemals ein.

Die Aktion, in einen bereits stark heruntergekommenen Wagen ein werksneues Tauschaggregat einpflanzen zu lassen, war vom wirtschaftlichen Standpunkt aus wider jede Vernunft, aber solange jemand anderes bezahlt, kann man eben getrost unvernünftig handeln und die Bitte um ein privates Darlehen lediglich für Reparaturkosten klingt schließlich allemal noch etwas harmloser und bescheidener als die Frage nach der Finanzierung eines kompletten gebrauchten Autos als Ersatz für das nicht mehr einsatzfähige. Ganz nebenbei ließ sich am Stammtisch mit dem Bericht von der hohen Werkstattrechnung auch noch ein gewisser Eindruck schinden, da man sich so etwas eben „*leisten*" könne.

Der Wagen fuhr wieder und Werner war jetzt Vertreter für elektrische Schaukelpferde, die in verschiedenen Geschäften aufgestellt werden sollten und nach Einwurf von fünfzig Pfennig einem kleinen Kind für die nächsten Minuten ein rüttelndes Reitvergnügen bescherten, während die Mutter einkaufte. Die Geschäfte funktionierten tatsächlich einigermaßen, doch in den Sommermonaten wurde nach alter Gewohnheit der Urlaub bei Ilses Mutter in Norddeutschland verbracht, wo Werner dann ohne vorherige Absprache mit der Firma seine Abschlüsse weiter betrieb. Damit war er in das Revier eines anderen Vertreters eingedrungen und die Provisionen flossen diesem zu, was auch zum Abbruch der erst vor kurzem begonnenen „Sache" führte.

Da er nun gänzlich ohne Einkommen dastand und bloß auf der *Suche* nach neuen Quellen war, hing alsbald der Haussegen schiefer als je zuvor. Werner fing dies und jenes an, was er dann allerdings sehr rasch wieder hinschmiss, weil sich der erhoffte Geldsegen nicht einstellen wollte. Nach seiner Ansicht sollte Ilse ihre ererbten Aktien verkaufen und vom Erlös den Lebensunterhalt so lange bestreiten, bis auch diese allerletzte Reserve aufgebraucht sei. Zu später Stunde war das aggressionsgeladene Gebrüll des beruflichen Versagers so laut, dass ein Nachbar herüberkam und von draußen energisch die Worte sprach: *„Darf ich Sie bitten, sich etwas zu mäßigen? Wir wollen hier nicht Zeugen von Gesprächen werden, die uns nichts angehen."* Vielleicht war dieser Vorfall dem „Herrn Haushaltungsvorstand" wirklich peinlich, denn er schrie nichts zurück, sondern blieb diesmal tatsächlich mucksmäuschenstill.

Einmal litt Bernd unter Zahnschmerzen, denn die bereits bei der ärztlichen Untersuchung in der Grundschule festgestellten Schäden durch Karies waren über all die Jahre nicht behoben worden, da ja kein

Krankenkassenvertrag bestand. Wenn Ilse über diese Sorge sprach, äußerte ihr Mann stets nur genervt: *„Fängst du schon wieder an?"* Die Mutter erklärte zu den Beschwerden ihres Sohnes lediglich naiv, dass er die schmerzenden Stellen *„vielleicht mal ausputzen"* solle. Der Vater erkundigte sich dagegen forsch nach dem besten Zahnarzt am Ort und ließ seinen Jungen dort als Privatpatienten behandeln. Die gestellte Rechnung beglich er natürlich nie. Parallelen zu dem Verhalten gegenüber Ärzten vor sowie kurz nach Bernds Geburt schienen unverkennbar…

Man muss einräumen, dass Werner nicht vor Selbstmitleid zerfloss und nach seinem in Eigenregie verschuldeten Dilemma quasi resignierte, sondern immer irgendwelche Wege suchte, mit denen er sich gleichsam doch noch nach dem Prinzip von Münchhausen *„am eigenen Schopf aus dem Sumpf ziehen"* könne. Insgeheim träumte er von einem großen Gerichtsprozess, bei dem ihm durch den Staat eine Entschädigung für die verlorene Existenz als Zeitungsherausgeber in Form eines mittleren Vermögens zugesprochen würde, aber dies war freilich nichts weiter als ein schöner Wunschtraum – wie wenn einem Roulettespieler sämtliche „Felle wegschwimmen" und er seinen einzigen noch verbliebenen Jeton auf irgendein Feld setzt und dabei inständig hofft, dass die Kugel durch ein Wunder genau auf diesem zum Stehen kommen werde. Wieder einmal ertönte das selbstsichere *„Abwarten!"*, konnte aber über die trostlose Wirklichkeit nicht hinwegtäuschen. Werners berufliche Aktivitäten wurden zunehmend bescheidener: Eines Tages lieh er sich von einer Firma Geld, das mit Provisionen für eingefahrene Aufträge verrechnet werden sollte, und übereignete seinen Mercedes als Sicherheit, womit die Rechte an dem Fahrzeug aus der Hand gegeben waren. Einen ganz ähnlichen Schachzug hatte er bereits etliche Jahre zuvor mit der Überschreibung des schwarzen Volkswagens an seine Schwiegermutter wegen der aufgelaufenen Wohnungskosten getätigt, wobei die Formulierung allerdings vorsätzlich so abgefasst war, dass sie zwar nach außen hin seriös klang, jedoch juristisch keinerlei Wirksamkeit aufwies.

Als er Steuer und Versicherung für den großen Wagen ebenfalls nicht mehr aufbringen konnte, wurde dieser bei der Zulassungsstelle stillgelegt und ohne Kennzeichen verbotswidrig auf öffentlicher Straße abgestellt. Diverse Roststellen waren zuvor noch rasch mit farblich unpassendem Billiglack selbst ausgebessert und ein total zersplittertes Scheinwerferglas durch eine hastig hineingestopfte Cellophantüte äußerst provisorisch ersetzt worden. Wegen eines ausgerissenen Scharniers an der Fahrertür hatte das Ein- und Aussteigen in den letzten Wochen immer auf der Beifahrerseite erfolgen müssen. Ein Käufer, der für das Objekt noch gutes Geld bezahlen wollte, fand sich trotz eines Inserats nicht.
Bald darauf wurde das Fahrzeug vollständig geplündert und Werner wirkte sichtlich erschüttert, als er das fast völlig ausgeschlachtete Wrack, das nun sogar ohne seine vier Räder auf den Bremsscheiben lag, nur noch als öffentliches Ärgernis vor sich sah. Jener Mercedes war bis vor kurzem sein Stolz gewesen und hatte ihm fast sieben Jahre lang eine zumindest eingebildete innere Größe verliehen. Als ein beinahe für die Ewigkeit gebauter Wagen, der seinem zweiten Halter in tadellosem Zustand übergeben worden war, hatte er bloß ein Alter erreicht, das weit unter dem statistischen Durchschnittswert lag. Neuen Ärger gab es mit der Firma, der das Fahrzeug ja jetzt rechtlich gehörte, als dieses lediglich aus Schrott bestand, bei dem sich die Abholung kaum mehr lohnte.

Werner arbeitete mittlerweile in einem nahen Getränkemarkt und verkaufte dessen Waren. Bald war auch dies wieder vorbei und es folgte eine Tätigkeit als Aushilfskellner in einem Café an seinem Wohnort. Was er dort und zuvor beim Getränkeverkauf verdiente, reichte natürlich längst nicht für die Begleichung sämtlicher finanziellen Verpflichtungen, sondern gerade einmal, um selber essen zu können. Als sich sogar die Tätigkeit in der aus anderer Perspektive gut vertrauten Gastronomie ein paar Wochen später aufgelöst hatte, beantragte er Sozialhilfe, die ihm auch prompt zugesprochen wurde, da tatsächlich keinerlei Vermögenswerte mehr existierten und der Antragsteller folglich vollkommen mittellos war.

Parallel dazu liefen die Versuche weiter, irgendwie an geliehenes Geld zu kommen. So wurden auch die Dienste einer Kreditvermittlungsfirma in Anspruch genommen, die jedoch angesichts der vorliegenden Umstände verständlicherweise erfolglos blieben.

Auf Ilses Frage, was er eigentlich im Moment mache, lautete die durchaus selbstbewusst klingende Antwort: *„Ich warte auf meine Rente.“* Als seine Frau verwundert fragte, woraufhin ihm denn Rentenzahlungen zustünden, erklärte ihr Partner in der Art und im Tonfall, wie man vielleicht mit einem noch sehr kleinen Kind spricht: *„Wenn jemand sein ganzes Leben lang gearbeitet hat, bekommt er später dann Rente, aber du weißt doch, wie lange so etwas bei den Behörden dauert, bis Klarheit besteht.“* Damit war das heikle Thema wieder einmal vom Tisch.

Ungeachtet der finanziellen Situation – oder auch, um diese innerlich zu verdrängen – wurden mit diversen Neuwagenhändlern Probefahrten vereinbart, so dass die Vertriebsmitarbeiter bald engagiert anriefen und auf einen Auftrag mit entsprechender Provision hofften.

Indes zog Bernd seine Gymnasialzeit in der Endphase durch und steuerte schließlich trotz zahlreicher Begabungslücken mit zähem Fleiß auf sein Abitur zu, welches er sogar ganz passabel bestand. Das deutsche Schulsystem ist nach der Devise konzipiert *„jedem eine Chance"* und ermöglicht dabei im Grunde selbst ziemlich schwachen Schülern letztendlich den angestrebten Erfolg, wenn sie nur wollen und genug Initiative aufbringen. Wer während der Schulzeit wenigstens gelernt hat zu arbeiten, kann mit einer solchen Fähigkeit später manche Hürden meistern, an denen ein fauler Begabter hingegen scheitert. Werner, der sich noch gut an sein eigenes Versagen im schulischen Bereich erinnerte, war auf Bernds Erfolge mächtig stolz und gab vor seinen Stammtischbrüdern mit dessen Leistungen manchmal so penetrant an, dass es direkt peinlich wirkte. Einmal traf er den früheren Grundschullehrer und rieb diesem dabei mit einer gewissen Schadenfreude und Genugtuung unter die Nase, dass sich dessen frühere Prognosen als vollständig falsch erwiesen hätten.

Die Mutter freute sich bestimmt ebenfalls über das erreichte Ziel, fing aber plötzlich an, ihrem Sohn dauernd irgendwelche Leute vorzuhalten, die angeblich auch ohne Abitur erfolgreich geworden seien. Wie wäre bloß zwei Jahre zuvor ihre Reaktion ausgefallen, wenn Bernd sich damals nach einem spontanen Schulabbruch ohne richtigen Abschluss in konventioneller Art zunächst für jenen *„ach so coolen"* Weg entschlossen hätte? Ilse redete einfach gerne und mit Vehemenz ständig in die Gegenrichtung.

Sobald sich der finanzielle Zusammenbruch schließlich als irreversibel zeigte sowie Ilse sicher war, von ihrem Mann nichts mehr erwarten zu können, reichte sie die *Scheidung* ein und beauftragte den Rechtsanwalt, der zuvor ihrer langjährigen Freundin in derselben Angelegenheit zur Seite gestanden war. Werner hatte zwar früher mehrmals den geflügelten Satz *„Lass' dich scheiden!"* verlauten lassen und sogar einst selber durch einen Anwalt das Scheidungsgesuch Ilse zukommen lassen, wehrte sich aber jetzt strikt gegen jenen Vorgang, denn er behielt als Verheirateter das Recht, weiterhin in der gemeinsamen Wohnung bleiben zu dürfen, während er anderenfalls hätte ausziehen müssen und dann auch noch ohne Bleibe gewesen wäre. Das Schuldprinzip im Scheidungsrecht wich zwar erst 1977 offiziell dem Zerrüttungsprinzip, aber „ehewidriges Verhalten" interessierte vor Gericht inzwischen schon weit weniger als noch in den Fünfzigerjahren. Bei Bernds Aussage musste der Vater ermahnt werden, diesen nicht wiederholt zu beeinflussen. Dem Scheidungsantrag wurde in erster Instanz tatsächlich stattgegeben, wogegen Werner sofort Berufung einlegen ließ, weshalb das Urteil niemals rechtskräftigen Status erlangte, da Ilse keine weiteren Schritte in diese Richtung mehr einleitete. Ihr Selbstbewusstsein schwoll allerdings durch den Urteilsspruch, der sich vom Wortlaut her für sie gut las, weiter an und so wurde wieder einmal ihre – wenigstens eingebildete – Macht ausgespielt, indem beispielsweise Bernd die Drohung zu hören bekam: *„Du siehst, ich schaffe alles!"* Dadurch wollte sie eigentlich ausdrücken: *„Mach' du bloß immer genau das, was ich will, denn ich kann auch dir ganz empfindlich schaden, was ich sogleich tun werde, falls du nicht so spurst, wie ich es verlange!"*

Da Werner bereits seit Monaten weder die geringe Miete, welche seine Schwiegermutter von ihm mittlerweile verlangte, noch die Verwaltungsgebühren für die bescheidene Wohnung bezahlte, kündigte sie ihm diese schließlich und verließ sich dabei lediglich auf ihr Rechtsgefühl, ohne den erforderlichen anwaltlichen Rat einzuholen. Der Schwiegersohn, welcher schon bei der Erhebung von ein paar Mark Miete den Beleidigten gespielt hatte, betrachtete den Akt als grobe Feindseligkeit und erklärte, dass er deshalb Bernd verbiete, seine Großmutter nochmals zu besuchen. Diese Entscheidung bedeutete natürlich ebenfalls nur einen ziemlich dümmlichen Bluff ohne irgendeine Rechtsgrundlage, denn der Junge war zwar minderjährig, aber seine Eltern übten das *gemeinsame* Sorgerecht für ihr Kind aus und besaßen somit auch das Aufenthaltsbestimmungsrecht. Wenn der Vater also die Reise an einen bestimmten Ort verbietet, wird eine derartige Aktivität sofort dadurch aufgehoben, dass die Mutter die Fahrt einräumt und das Kind außerdem dorthin begleitet. Erfolgsaussicht hätte ausschließlich bei einer nachweisbaren Gefährdung des Kindeswohls bestanden, die für einen Ferientrip zur eigenen Oma in Begleitung der Mutter gewiss schwer zu begründen gewesen wäre.

Nach Bernds Abitur wurde die Sommerreise zu Ilses Mutter wie gewohnt in die Wege geleitet. Als Werner das an den gepackten Reisetaschen erkannte, folgte er seinem Sohn, wobei dieser jedoch geistesgegenwärtig auf den Balkon lief und von dort aus durch das Badezimmerfenster zurück in die Wohnung kletterte – ein Weg, auf dem ihm der Vater in seinem Alter beim besten Willen nicht mehr folgen konnte. Jener drehte daraufhin um und ging seine Frau mit den Worten an: *„Du weißt doch, dass ich Bernd verboten habe, nach Süderbrarup zu fahren."* In der Zwischenzeit lief der Sohn rasch ins Treppenhaus und verschwand, um ein Taxi zu holen, mit dem Mutter und er anschließend zum Bahnhof fuhren.

Die Ferien verliefen wiederum erholsam und harmonisch. Eine böse Überraschung zeigte sich bei der Rückkehr, als der Mutter auffiel, dass ein Teppich aus der gemeinsamen Wohnung fehlte – eine wertvolle Perserbrücke, welche Ilse einst von ihrer Tante geerbt hatte. Auf die Frage, wo das Stück sei, lautete die gelangweilte Antwort zunächst nur: *„in der Reinigung"*, da angeblich Marmelade draufgekommen sei; ein paar Tage später fand die Hausfrau zufällig den Leihschein des Pfandhauses in Werners Schrankteil und es kam verständlicherweise wieder einmal zu einer äußerst unschönen Szene, in der die Rechtfertigung schlichtweg lautete, das sei ja bloß eine *„Notlüge"* gewesen und außerdem gäbe es unter Eheleuten ohnehin keinen Diebstahl, womit für den alten Geschäftsmann die Angelegenheit bereits aus der Welt war.

So schloss sich erneut der Kreis, denn derartige Vorkommnisse hatte es schon fünfzehn sowie zwanzig Jahre zuvor gegeben – lediglich mit anderen Gegenständen, denn Perserbrücken gehörten damals noch nicht zu dem verfügbaren Mobiliar. Bekanntermaßen macht der Mensch ja immer wieder dieselben Fehler, sofern er sich eingeengt fühlt, und die Erkenntnis, dass man aus falschem Verhalten für die Zukunft etwas lernt, gilt leider bestenfalls in entspanntem Zustand.

Als Ilse einmal die Frage nach der Finanzierung von Bernds Studium aufwarf, antwortete ihr Werner nur ganz knapp:
„Jetzt kann ich ihm kein Studium bezahlen, aber vielleicht will er gar nicht studieren. Außerdem bekommt er doch bei seinem Abitur bestimmt ein Stipendium und zurzeit leistet er ja sowieso zuerst einmal seinen Zivildienst."
Auch dieses Gespräch war damit rasch beendet.

Ein perfekter Mord?

Als Ilse merkte, dass sie ihren Mann auf dem Instanzenweg nicht rasch loswerden konnte, wurde wieder einmal ihre Macht gegen ihn ausgespielt, indem sie nach allen Regeln der „Kunst" Schikanen vollzog: Wenn er sich an einem Wintermorgen im Badezimmer wusch, stellte sie ihm von der Küche aus die Heizung ab. Sowie er den elektrischen Heizstrahler einschaltete, lockerte sie im Flur die Sicherung und keifte ihn, sobald er sich beschwerte, lautstark an: *„Bezahle zuerst die Stromrechnung!"* Ähnlich war der Ablauf, wenn Werner sich ein Hemd plättete: Ilse zog sofort den Stecker des Bügeleisens heraus und erinnerte ihn so wiederum an seine nicht eingehaltenen Verpflichtungen. Eines Tages legte er ihr sogar fünfzig Pfennig hin und erklärte, dass das mehr sei, als der Arbeitsvorgang an Strom koste. Die gereizte Antwort lautete nur: *„Geh doch hin zum E-Werk und erkundige dich, ob du damit deine Stromrechnung bezahlen kannst!"* Wollte ihr Mann abends einschlafen, hatte Ilse plötzlich immer wieder in der Nähe seines Bettes zu tun und „musste" dafür natürlich jedes Mal das Licht anknipsen. Oftmals ließ sie währenddessen noch fast ohne Pause ihre Schimpfkanonaden los und bezeichnete dabei einmal den Verlust der Sehkraft auf einem Auge als *„die gerechte Strafe"*. Außerdem drohte sie ständig, den Richter aufsuchen zu werden, der Werner am Ende seiner stolzen Phase als Verlagsinhaber die hohe Geldstrafe für die nicht geschwärzte Annonce in Bezug auf die Lehrerin auferlegt hatte. Natürlich entbehrten solche Aussprüche jeden logischen Zusammenhang, denn ein Richter wird sich bestimmt nicht von Besuchen irgendwelcher Personen in seinen Entscheidungen beeinflussen lassen – noch dazu, wenn diese längst getroffen sind. Ilse wollte mit solchen Äußerungen bloß erneut ihre lediglich im eigenen Wunschdenken existierende *Macht* zur Schau stellen – nach dem Prinzip: *„Ich kann erwirken, dass gegen dich eine noch weitaus höhere Strafe ausgesprochen und vollstreckt wird, wenn ich nur will. Ich habe dich also in der Hand und du kannst nichts dagegen machen!"* Vom Intellekt her lagen derartige Drohungen nach dem alten Motto *„Ich lass' dich abführen!"* in etwa auf einem Niveau, bei dem ein dreijähriges Mädchen selbstbewusst verkündet: *„Morgen kaufe ich eine Schafherde."* Darüber hinaus steckte nichts dahinter, aber Ilse gefiel sich einfach in ihrer selber suggerierten Position von Stärke und Einfluss.

Ganz ähnlich hatte sie gut eineinhalb Jahrzehnte früher ihrem damals dreijährigen Bernd damit gedroht, seiner kleinen Spielkameradin zu erzählen, wie böse er sei und dass diese ihn daraufhin gewiss nie mehr aufsuchen werde; dann war ihr Dauerthema gewesen, sie würde ihn in eine *Erziehungsanstalt* stecken und ihm sämtliche Spielzeugautos wegnehmen. Wieder ein paar Jahre später hieß es dann während der Gymnasialzeit, dass sie zu seinen Lehrern gehen und alle anweisen werde, ihm in Zukunft nur noch schlechte Noten zu geben. Erst als sich ihr Sohn einmal ziemlich offen darüber belustigt und den Unsinn solcher Worte dargelegt hatte, waren jene Spielchen beendet – bis zu ihrem nächsten Einfall in gleicher Richtung. Die armselige Absicht derartiger Andeutungen schien tief in ihrem Inneren zu liegen und deckte stets die insgeheim gehegten und meist sehr finsteren Wünsche auf.

Im Laufe der nächsten Monate stellte sich bei Werner ein zunehmendes Magenleiden ein und er versuchte manchmal vor dem Einschlafen, mit seinem elektrischen Heizkissen die Beschwerden ein wenig zu lindern. Sowie Ilse das bemerkte, riss sie auch von diesem Gerät den Stecker aus der Dose, was behände wiederholt wurde, sobald nach erneuter Einführung abermals Strom floss.

Was sie praktizierte, stellte im Grunde einen Mord auf Raten dar: Es wurde keine plumpe Gewalt vollzogen, Ilse war auch keine Giftmischerin, aber sie signalisierte ihrem Mann, ohne dafür irgendwelche weiteren Worte zu benutzen, dass er im eigensten Interesse möglichst bald *sterben* solle, da sie ihm anderenfalls sein restliches Leben vollständig zur Hölle machen werde.

Werner litt an seinem kranken Magen und versuchte nun schnell noch, als Mitglied bei einer Krankenkasse aufgenommen zu werden, da er mit Behandlungskosten rechnete. Natürlich ging auch dieser Schachzug schief, denn Versicherungen verlangen bei älteren Menschen schließlich eine Gesundheitsprüfung, bevor sie sich auf einen Vertrag einlassen.

Er bezog nach wie vor lediglich Sozialhilfe. Ähnlich wie in früheren vergleichbaren Situationen erkannte er auch jetzt wieder rasch die *Rechte*, die ihm in seinem neuen Status zustanden: Es gibt selbst für mittellose Bürger die Regelung, einmal im Jahr eine Art Urlaub zu nehmen, den Werner im folgenden Frühling in einem Meraner Hotel verbringen wollte, da mit jener Stadt wohl aus jüngeren Jahren ganz besonders schöne Erinnerungen verbunden waren, an die er vielleicht gedanklich anknüpfen wollte. Die Hinreise zu Ostern verlief ohne Zwischenfälle, aber am Ziel ereilte ihn ein schwerer Zusammenbruch, welcher die Rückfahrt per Bahn unmöglich machte. Er wurde daraufhin in einem Krankenwagen bis nach München transportiert und legte sich dort trotz Ilses heftigen

Protests zu Hause ins Bett. Als letzte Rettung erschien eine Operation, bei deren Zustimmung der Patient verständlicherweise zögerte. Als die Schmerzen schlimmer wurden, begab er sich ins Krankenhaus, wo es weiter bergab ging. Am Schluss fehlte ihm wirklich jede Form von Lebensmut, denn er hatte im Grunde nichts mehr, wofür es sich lohnte, wieder halbwegs gesund zu werden und nach Hause zurückzukehren: Der finanzielle Bewegungsrahmen war auf dem Sozialhilfeniveau bis zum Äußersten eingeschränkt, das Verhalten von Ilse ließ sich sehr wohl kalkulieren, wobei die Ahnungen zu der Vermutung führten, dass sich ihre Anfeindungen höchstwahrscheinlich in der zuvor praktizierten Manie fortsetzen würden, und die frühere körperliche Überlegenheit bestand altersbedingt nicht weiterhin, so dass das nach gewohntem Primitivmuster bislang des Öfteren erfolgte Verprügeln aus dem Maßnahmenkatalog gestrichen werden musste.

Schließlich versagte die Sehkraft auch auf dem verbliebenen Auge und damit war gleichsam das letzte Hoffnungsfädchen abgerissen.

Selbst das Zurückblicken auf ein erfülltes Leben war für Werner nicht möglich, denn er hatte wahrlich immer nur für das Jetzt und Heute gelebt, aber niemals etwas zustande gebracht, bei dem tatsächlich *„Hand und Fuß"* vorlag – mit Ausnahme von seinem Sohn Bernd, welcher der Natur entsprechend zum Glück von jedem zwei Stück besaß, die beide gesund ausgeprägt waren.

Werner hatte durchaus meistens versucht, seinem Jungen ein guter Vater zu sein, jedoch nie richtig als Vorbild fungieren können, sondern eigentlich stets bloß gezeigt, wie man es eben *nicht* machen darf – getreu dem Motto:

„Niemand ist unnütz; er kann immer noch als schlechtes Beispiel dienen."

Kurz nach dem aus medizinischer Sicht erfolgreich verlaufenen ärztlichen Eingriff verstarb Werner an einer Pilzinfektion[55].
Somit erfüllte sich wenigstens noch sein allerletzter Wunsch, der gewesen war, dass das Ende möglichst *schnell* herbeikommen möge.

Ilse, die am Schluss ihren Sohn nicht mehr zu den Krankenbesuchen begleitet hatte, sprach auf einmal davon, was ihr Mann doch für *„ein guter Mensch"* gewesen sei. Sie zeigte als „trauernde Witwe" auch großzügiges Verständnis dafür, dass dieser um jeden Preis mit ihr habe verheiratet bleiben wollen, obwohl Werner ohne irgendwelche noch verbliebenen Sympathiegefühle gegenüber seiner Frau nur ganz nüchtern und praktisch an sein Nutzungsrecht der ehelichen Wohnung gedacht hatte, aber das war eben Ilses Art, die Dinge immer so zu drehen, dass sie selbst optimal und im besten Licht dastand.
Die Wahrung des seriösen Scheins nach außen gehörte durchaus auch zu ihren praktizierten Gepflogenheiten. Noch wenige Wochen vorher waren beispielsweise ihre flehenden Worte gegenüber dem behandelnden Arzt am Telefon gewesen:
„Bitte tun Sie alles, um meinem Mann zu helfen!"

Sie hatte es nun geschafft, ohne ihren Werner dazustehen – und jahrelang voller Hass die Äußerung

---

[55] Es handelte sich dabei um keine Pilze in Form von Nahrungsmitteln, sondern um solche, die ständig in der Atemluft schweben und gegen die ein gesunder Organismus die entsprechenden Abwehrkräfte besitzt, während ein durch die vorausgegangene Operation geschwächter unter Umständen diesem Angriff erliegt.

wiederholt: „*Wenn ich den Kerl doch bloß endlich los wäre!*" Nach dem Kennenlernen war er ihr mit seinem weltmännischen Gehabe noch begehrenswert vorgekommen, aber sobald ersichtlich wurde, dass er seinen Verpflichtungen auch in Zukunft nicht nachkommen können werde, stellte er in ihren Augen nur noch eine überflüssige *Last* dar, die es abzuschütteln galt.
Bei der Vorgehensweise, die sie dabei an den Tag gelegt hatte, hätte wohl kein Staatsanwalt Anklage erheben können, zumal die einzelnen Schritte der Nadelstichtaktik in den häuslichen vier Wänden geblieben und nicht erkennbar nach außen gedrungen waren.

Trotz ihres erreichten Ziels fühlte sie keine innere Befriedigung, sondern schien quasi auf den Geschmack gekommen zu sein, mittels einer gewissen Dominanz über eine andere Person zu herrschen. Sogar Großmutter, die ihre einzige Tochter innig liebte, somit eigentlich stets Verständnis für diese aufbrachte, obwohl sie von ihr mehrmals als „*alte Schrippe*" beschimpft wurde, wenn es auf sachlicher Basis wieder einmal nicht weiterging, und die das permanente Gezeter manchmal noch mit mütterlichem Wohlwollen als „*temperamentvoll*" bezeichnete, äußerte eines Tages beinahe verzweifelt:
„*Du wirst immer schlimmer!*"

In den Fokus von Ilses nicht abebben wollenden Aggressionen geriet nun zunehmend der Sohn Bernd, dem auch immer wieder einmal seine „*Schuhe aus Papier*" unter die Nase gerieben wurden, welche er der Mutter als missglücktes Geschenk im Alter von sieben Jahren hatte zukommen lassen. Sie brauchte einfach immer jemanden, auf dem sie „herumhacken" konnte.

Übertragener Hass?

Ilse lebte jetzt als Witwe und die Person in ihrem Leben, die für sie viele Jahre lang das absolute Feindbild abgegeben hatte, gab es nicht mehr. Wer allerdings im tiefsten Inneren in jene Richtung gepolt ist, sucht sich alsbald wieder einen neuen Sündenbock, der gleichsam für alles die Schuld trägt, was nicht so funktioniert, dass es genau auf der Ideallinie liegt. Nach demselben Prinzip tritt auch in einer Arbeitsgruppe an die Stelle eines endlich hinausgeekelten Mobbingopfers meist rasch eine Ersatzfigur, die dann ganz ähnlich angefeindet wird, weil das übriggebliebene Team zur Stärkung der eigenen Zusammengehörigkeit eine Außenseiterperson einfach zu brauchen glaubt und förmlich aufspürt. Ilse hatte nach der Hochzeit ihres jüngeren Bruders diesen vehement, aber vergeblich gegen seine Frau aufzubringen versucht und intrigierte nun gegen die Ehepartnerin ihres anderen Bruders. In familiärer Runde griff sie gerne und wiederholt jene Schwägerin mit Sticheleien an, bis sich diese das eines Tages recht energisch verbat und dabei auch von ihrem Mann Unterstützung erhielt. Daraufhin bezeichnete Ilse sie gegenüber Dritten ziemlich offen als ihre *„einzige Feindin"*. So schrieb sie an jene Frau einen tief abfälligen Brief und verlangte von Bernd, dass er diesen ebenfalls gegenzeichnen solle, was er jedoch ablehnte. Die übliche Drohung, sich dann nie mehr um ihn kümmern zu werden, wimmelte der Sohn mit den knappen Worten ab: *„Ich lass' mich nicht erpressen."* Ob Ilse in ihrem Zorn über jene Antwort dann die nicht erhaltene Unterschrift nachahmte oder darauf verzichtete, blieb ungeklärt. Ein paar Jahre später kam der Bruder durch einen selbst verschuldeten Verkehrsunfall ums Leben und seine Schwester behauptete, dass dessen Frau ihn *„auf dem Gewissen"* habe, obwohl diese gar nicht mit im Fahrzeug gewesen war – möglicherweise ein Kompensieren des Anscheins einer Beteiligung an Werners damaligem Ableben. Ilses Schwägerinnen hatten beide die „Untat" begangen, in ihre Familie eingedrungen zu sein und dadurch je einen Bruder blockiert zu haben, weshalb sie von vornherein bekämpft werden mussten – wie ein Schadstoff durch das Immunsystem eines intakten Organismus. Wer nach einem neuen Feindbild sucht, wird in aller Regel auch früher oder später fündig. Dabei wurde verständlicherweise der Sohn als „*Brut seines Vaters*", wie ihn die Mutter manchmal giftig bezeichnete, allmählich zum Opfer ihres Hasses, der einfach sein Austrittsventil brauchte.

Sie verdiente zuerst als Telefonistin, dann als Modeverkäuferin den Lebensunterhalt für sich und ihren Nachwuchs, der inzwischen seinen Zivildienst leistete und sich in sämtlichen Punkten bemühte, die Vorstellungen der Mutter bestmöglich zu erfüllen. Er erhielt mit seinem Abitur auf Anhieb einen Studienplatz in technischer Richtung und versuchte, auch an der Universität Fuß zu fassen, was ihm sogar einigermaßen gelang, obwohl die Anforderungen dort bei weitem höher rangierten als in der Schule und Bernd zwar körperlich gewachsen war, sich jedoch in seinem Denkvermögen nach wie vor weit unterhalb des Durchschnitts bewegte.

Ilse verachtete ihn trotz seines Fleißes, weil er sich einerseits äußerlich nicht ganz so entwickelt hatte, wie sie sich ihren idealen Sohn vorstellte, was ihm auch oft genug unter die Nase gerieben wurde, indem sie beispielsweise äußerte, einen solchen jungen Mann wie ihn früher „*überhaupt nicht angeschaut*" zu haben, zum anderen hieß es gegenüber dem Studierenden immer wieder in beißend scharfem Tonfall sowie mit deutlich erkennbarer Unzufriedenheit:

„Verdiene erst einmal!"

Er verrichtete neben dem Studium noch diverse Studentenjobs, mit denen er sich seine wissenschaftliche Ausbildung als Ergänzung zum BAföG[56] weitgehend selbst finanzierte. Die Ansage lautete daraufhin – lediglich ergänzt um ein Wort:

„Verdiene erst einmal richtig!"

Ilse wollte einerseits, dass sich ihr Bernd zu einem gutaussehenden und beruflich erfolgreichen Mann entwickele, aber gleichermaßen ihr kleines „Berndilein" bleibe, was ebenso unerfüllbar war wie seinerzeit die gewünschte Verwandlung Werners von einem Hochstapler und Luftikus zu einem gewissenhaft arbeitenden Menschen mit seriösem Beruf.

So hatte sie es beispielsweise gar nicht gerne gesehen, wenn ihr Junge als Zwölfjähriger am Freitagabend im Radio die Schlagerparade hörte; dann war meist ihr mit weinerlicher Stimme ausgestoßenes Seufzen zu hören: *„Ach, du fängst furchtbar früh an!"* Daraufhin hatte sich Bernd dieses kleine Vergnügen verkniffen und auf jene flotten Melodien – *„Die Zwölf der Woche"* – verzichtet. Er wollte seine Mutter einfach nicht unglücklich sehen…

Besonders intensiven Zorn empfand sie gegen ihren Sohn immer am Samstagvormittag – weil zu dieser Zeit die benötigten Lebensmittel für die folgende Woche eingekauft wurden, wobei der junge Mann ihr stets half. Es regte sie dann auf, dass er als Student noch kein reguläres Gehalt empfing und folglich den

---

[56] „BAföG" bedeutet eine finanzielle Hilfe aufgrund des **B**undes**a**usbildungs**för**derungs**g**esetzes, welche im Anschluss an den staatlich geförderten Ausbildungsabschnitt zum großen Teil zurückgezahlt werden muss.

gemeinsamen Lebensunterhalt finanziell nicht bestreiten konnte.

Stand eine anspruchsvolle Prüfung an der Universität bevor, für welche jeder Kandidat seine volle Konzentration benötigte, schaltete Ilse am Vorabend selbst auf Bernds inständige Bitte den Fernseher nicht ab, denn sie wollte ihm wieder einmal mit Nachdruck zu verstehen geben, *wer* darüber zu bestimmen habe, ob das Einschlafen bereits erlaubt sei oder eben noch nicht.

Später schenkte er ihr ein paar drahtlose Kopfhörer, die sie in der folgenden Zeit auch tatsächlich benutzte, so dass am späten Abend keine Störung mehr erfolgte.

Manches Mal wurden die Launen so schlimm, dass Bernd sich – im Alter von gerade 26 Jahren – vor dem Einschlafen aufrichtig wünschte, am nächsten Morgen nicht erneut aufzuwachen.

Zum Glück erfüllte sich dieser Wunsch der Verzweiflung nicht und wäre auch kaum in Ilses Sinn gewesen, denn sie wollte ja schließlich noch den materiellen Nutzen aus ihrer mütterlichen Fürsorge ziehen, so wie doch ein Kalb später gute Milch geben soll…

Der Sohn versuchte alles, um möglichst *nicht* in die Fußstapfen seines Vaters zu treten, denn so wie er es bei diesem seit frühester Kindheit beobachtet hatte, wollte er auf gar keinen Fall durchs Leben stolpern. Trotzdem warf ihm Ilse oftmals höchst aggressiv vor, dass genau dies eintrete, was jedes Mal ein sicheres Zeichen dafür bedeutete, dass sie am Ende ihres ansonsten schier unerschöpflichen Streitrepertoires angelangt war. Ganz schlimm eskalierte ihre Stimmung, wenn sie sich mit dem Jungen in eine verbale Auseinandersetzung verwickelte und argumentativ nicht mehr weiterwusste; in so einer Situation galt der Sohn dann aus ihrer Sicht meist als der absolute Abschaum.

Schnell folgte darauf die barsche Ansage: „*Du fliegst raus hier!*"

Wie seinerzeit die Schule, schaffte Bernd schließl ch auch das Studium in der normalen Regelstudienzeit, nachdem Ilse sich über den dafür benötigten Zeitaufwand schon des Öfteren unter viel Gezanke bei ihm beschwert hatte. Alleine der Erfolgsmeldung ihres Sohnes traute die Mutter allerdings nicht, sondern sie ließ sich das Universitätsdiplom zuerst von diesem zeigen, bis sie jenen letzten Ausbildungsabschnitt als abgeschlossen akzeptierte.
Zusammen mit einem Studienfreund gründete er ein kleines Unternehmen für Softwareentwicklung, das bald gut florierte und seine Gewinne abwarf.

Nach kurzer Zeit erklärte ihm Ilse, dass es durchaus Unternehmer gäbe, die ohne jedes Problem gleichzeitig *zwei bis drei* Firmen oder sogar eine ganze *Kette* davon führen würden, und „*ein bisschen mehr*" bestimmt nicht verkehrt wäre. Bernd fragte daraufhin nur in scheinheiliger Sachlichkeit: „*Wie viele führst du eigentlich zurzeit? Das hast du mir noch nie erzählt.*" Erst nach einem solchen „Wink mit dem Zaunpfahl" ließ ihm die ehrgeizige Mutter in diesem Punkt seine Ruhe, aber es fand sich meist rasch wieder eine Öse, in die sie irgendwie einhakte, denn auf jenem Gebiet war wirklich Talent vorhanden sowie ein feines Gespür für die sich bietenden Chancen.

Bernd arbeitete fast rund um die Uhr und blieb am Abend nach einem in vielerlei Hinsicht anstrengenden Tag immer zu Hause, musste bald in seinem Betrieb expandieren, stellte weitere Mitarbeiter ein, welche frisch von der Universität kamen, wodurch sie die neusten Errungenschaften auf dem Gebiet der Informatik bereits mitbrachten, und konnte sich mit 36

Jahren über die erste selbst erworbene Million freuen, die nicht das Resultat irgendeiner „*cleveren Geschäftsidee*" war, sondern die Konsequenz beständiger und systematischer *Ausdauer* sowohl auf fachlichem als auch auf kaufmännischem Gebiet.

Da er regelmäßig sowie stets gut verdiente und die Mutter finanziell mitversorgte, äußerten sich deren Aggressionen jetzt ein wenig gedämpfter, als sie früher gegen Werner erfolgt waren. Außerdem spekulierte sie ganz logisch und richtig, dass es im Hinblick auf die Zukunft zweckmäßiger sei, die Brücken zu ihrem Bernd nicht vollständig abzubrechen, weil sie ja vielleicht im Alter dessen Unterstützung noch brauchen werde.
Zu Weihnachten und zu Ilses Geburtstag wurde diese von ihrem Sohn stets reichhaltig beschenkt, worüber sie sich jedoch gar nicht einmal besonders zu freuen schien, was möglicherweise auch auf ihr inzwischen fortgeschrittenes Alter zurückzuführen war, in dem Freude nicht mehr so empfunden wird wie in jüngeren Jahren. Ein Donnerwetter wegen der einstigen „*Schuhe aus Papier*" sollte sich auf gar keinen Fall wiederholen und jener Vorfall wurde bei passender Gelegenheit ohnehin immer wieder einmal aufgetischt.

Proportional zu Bernds finanziellem Bewegungsrahmen wuchsen auch Ilses Ansprüche und sie glaubte nun plötzlich, unbedingt ein Wochenendhaus oder zumindest eine Ferienwohnung zu benötigen. Zunächst versuchte sie, von ihrem Sohn möglichst genau zu erfahren, über welches liquide Kapital dieser mittlerweile verfüge, weil sie nach sehr individuellem Rechtsgefühl der Ansicht war, ihr stehe davon ein beträchtlicher Teil zu. Der Firmenbetreiber bewahrte ziemlich penibel das Finanzgeheimnis, denn er sah

die zwei möglichen Konsequenzen, wenn ein Zahlen-
wert genannt würde: Wäre jener nach dem Gefühl
seiner Mutter eher klein, kämen sofort massive Vorwürfe darüber, dass er nicht *mehr* angespart habe,
obwohl doch seit geraumer Zeit ansehnliche Einkünfte flössen; bei einer groß erscheinenden Zahl liefe
der bekannte Automatismus ab, nach welchem über
seinen Kopf hinweg darüber verfügt würde – so wie
damals, als er in der Kindheit sämtliche bescheidenen Ersparnisse für die Fahrkarten nach Berlin unter
Androhung massiven Übels im Ablehnungsfall hätte
herausrücken sollen. Solche Eindrücke bleiben meist
in lebenslanger Erinnerung.
Inzwischen befand sich Ilse im Ruhestand und hatte
somit genug Zeit, um bald ein Objekt nach ihren
Wünschen zu finden; dieses lag abgelegen im Alpen-
vorland und besaß keinen Bahnanschluss. Da sie nie
einen Führerschein ihr Eigen nennen konnte, musste
der Sohn als Fahrer fungieren, was nur ging, wenn
einmal für wenige Tage Urlaub möglich war. Die „Regierung" schlug ihm vor, dass *er* sich statt ihrer ins
Grundbuch eintragen lassen solle, was auf Ablehn-
nung stieß, denn die mütterliche Denkstruktur war
nach jahrzehntelangem Training mittlerweile für ihn
durchschaubar: Ilse glaubte, aufgrund dieser Regelung ein Druckmittel in die Hand zu bekommen, das
Bernd jederzeit dazu treiben könne, mit ihr unabhängig von seinen beruflichen Verpflichtungen eine Fahrt
ins Vorgebirge zu starten – also wieder einmal eines
jener *Macht*spiele, um ihn mit dem ständigen Argu-
ment *„du bist verantwortlich, denn dein Name steht
im Grundbuch!"* quasi wie eine Marionette nach Be-
lieben tanzen zu lassen. Der Unternehmer fuhr seine
Mutter bereitwillig zur Besichtigung an ihr Ziel und zu-
dem anschließend noch ein paar Mal wegen der anstehenden Kaufverhandlungen. Ein Fachgutachten
über den baulichen Zustand und den ortsüblichen

Preis lehnte Ilse ab. Bernd fielen diverse Setzrisse auf sowie der sich zu Staub ablösende Boden im Garagenbereich, was der Anbieter geschickt herunterspielte, indem er auf den noch zu erwartenden Maler verwies, der das alles überarbeiten werde; dieser kann solche Risse höchstens für ein paar Wochen vertuschen, indem er hurtig drüber spachtelt und streicht, bis sie wieder hervorkommen; ein staubartiger Boden kommt auch nicht durch ein paar Pinselstriche in Ordnung. Die Mutter ließ sich hauptsächlich von ihrem Bauchgefühl leiten und war hellauf begeistert von dem *„hübschen Rundtürmchen"* an der linken Ecke der Vorderseite. Angesprochen auf das Vorhaben, ein so entlegenes Objekt besitzen zu wollen, welches für Ilse alleine ganz schwer erreichbar war, lautete deren patzige Antwort immer bloß: *„Das verstehst du noch nicht!"*
Der Sohn hatte allerdings inzwischen auch gelernt, ein klares Nein zu äußern, so wie dies für den Leiter einer Firma manchmal unumgänglich ist.

Erwartungsgemäß geriet der Haussegen für mehrere Tage stark aus dem Lot, aber die Immobilie wurde *nicht* erworben, obwohl Bernd sich bereit erklärte, die im Verhältnis zur Bausubstanz relativ hohen Kosten dafür zu übernehmen. Ilses Interesse an dem Zweitwohnsitz am Alpenrand war jedoch verflogen, sobald sie erkannte, dass ihr ursprünglicher Plan nicht aufging.

Einen prüfenden Blick auf Bernds Finanzen ließ sie auch in der folgenden Zeit nicht vermissen: Wenn er beispielsweise seinen Wagen in Stand hielt und sich dafür hin und wieder die entsprechenden Ersatzteile besorgte, die er sogar selber einbaute, sofern ihm das möglich war, hieß es schnell in bissigem Tonfall: *„Du schmeißt dein Geld nur so raus!"*

Der Sohn sollte schlichtweg viel verdienen, bloß sehr wenig davon ausgeben und am besten sämtliche Entscheidungen seiner „Obrigkeit" überlassen.

Es kann schon sein, dass Ilse nun von ihm erwartete, er solle all das ausgleichen, was sein Vater an finanziellen Verpflichtungen über Jahrzehnte hinweg nicht hatte erfüllen können.

Für ihre Einmischungen gab es nicht einmal bei betrieblichen Dingen eine Tabuzone: Als ein guter Kunde unter Bernds Privatnummer anrief und Ilse am Apparat war, behauptete sie mit vorgetäuschter Kompetenz, dass für den gewünschten Auftrag momentan keine Zeit vorhanden sei und dieser folglich nicht angenommen werden könne. Der Firmeninhaber erfuhr von jener dreisten „Regelung" erst Monate später zufällig durch seinen noch immer ein wenig verwunderten Kunden.

Hinter einem solchen Gebaren steckte neben dem inneren Wunsch, *„die Fäden selber in der Hand zu halten"*, auch die Befürchtung, für *ihre* diversen Vorhaben und Wünsche könnte zu wenig Zeit bleiben.

Ilses schon beinahe krankhafter Drang zur Dominanz machte sogar vor dem Heiligen Abend nicht Halt:

Als Bernd draußen einen schönen Christbaum aufstellte und diesen mit farblosen Perlonschnüren, welche er am Haus befestigte, gegen Umfallen sicherte, erklärte die Mutter kurzerhand, dass sie jenes *„unschöne Gezurre"* nicht sehen wolle. Es hätte einer festen Einlassung des Stamms im Betonboden bedurft, um die Standfestigkeit vollkommen unsichtbar zu erreichen. So nahm Ilse einfach eine Schere und schnitt sämtliche Befestigungen durch, die ihr Sohn bei grimmiger Kälte mit frierenden Händen gespannt hatte. Die physikalischen Gesetze ließen sich nicht ausschalten und so kam es, wie es kommen musste:

Die Tanne fiel abends beim ersten heftigen Windstoß um und bot liegend einen kläglichen Anblick. Wichtig erschien ausschließlich das so angenehm befriedigende Gefühl, sich wieder einmal *durchgesetzt* zu haben und somit in einer Auseinandersetzung als die stolze *Siegerin* hervorgegangen zu sein. Der sachliche Anlass war hingegen zweitrangig, denn es ging natürlich in erster Linie um das Prinzip.

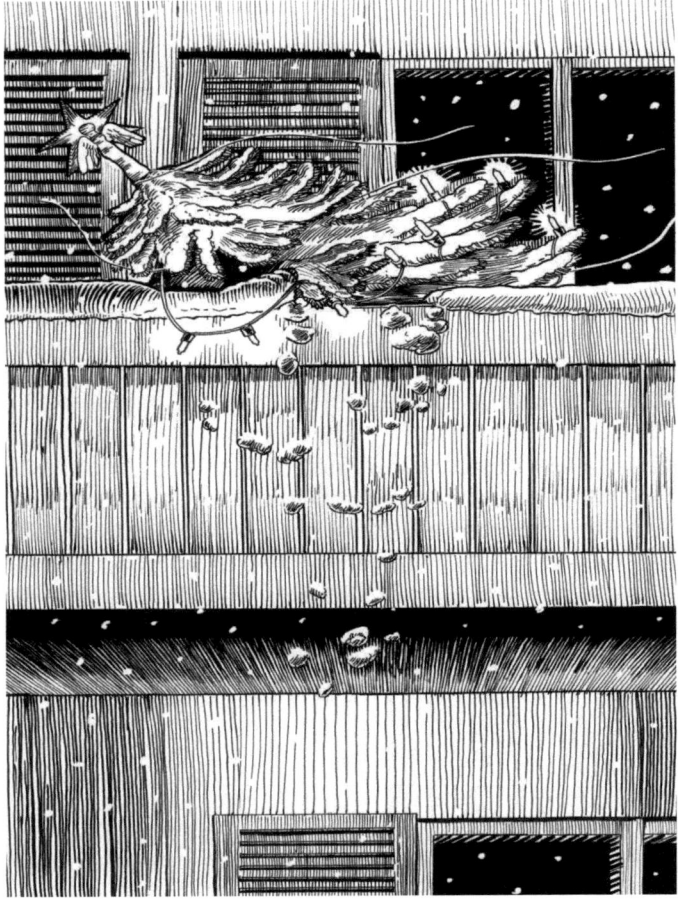

Ein paar Jahre später fand sie den von Bernd ausgesuchten Baum angeblich zu groß und befahl: *„Säg' ihn in der Mitte durch!"* Der junge Mann hatte so etwas vorausgesehen und deshalb außerdem noch ein kleineres Exemplar gekauft, das er dann lächelnd präsentierte, wodurch allerdings die Mutter erst richtig in Rage geriet und voller Groll keifte: *„Das zahl' ich dir heim!"* Ilse hätte allzu gerne sehen wollen, wie der Sohn die herrliche Edeltanne eigenhändig kaputtsägte, wobei er innerlich leiden sollte und ihr der ersehnte Triumph beschert würde, da unser Weihnachtsfest doch auch langläufig als *„Fest der Bescherung"* gilt. Es ging somit überhaupt nicht um die Größe an sich, sondern lediglich um die Demonstration einer von den inneren Sehnsüchten geprägten Befehlsgewalt.

Am Abend erfolgten dann genau jene bereits aus Werners Zeiten längst bekannten kindischen Spielchen: Sobald Bernd am Einschlafen war, versuchte seine Mutter, über ihm das grelle Licht einzuschalten. Da derartige Aktionen, wie sie ansonsten eigentlich nur im Vorschulalter praktiziert werden, zum festen Repertoire gehörten, hatte der Sohn zuvor die Glühbirne herausgeschraubt, was Ilse rasch überprüfte, um anschließend aus dem Zimmer zu verschwinden; ihre Verhaltensweisen ließen sich mit entsprechender Erfahrung durchaus vorausberechnen – genau wie bei einem Kind im Trotzalter…

Für Bernd stellten derartige Abläufe auf jeden Fall stark negative Erlebnisse dar, denn das Christfest bedeutete ihm seit frühester Kindheit sehr viel, aber gerade diese Tatsache wurde wahrscheinlich von Ilse wieder einmal als eine Art Öse betrachtet, in die sich einhaken ließ und wo eine gewisse Angreifbarkeit zu vermuten war.

Bei einem Psychologen mögen solche Verhaltensmuster ein breites Feld für kreative Arbeiten auf wissenschaftlichem Gebiet eröffnen. Auf einen einfachen Nenner gebracht, kommen dadurch vor allem nicht erfüllte Wünsche und folglich Unzufriedenheit zum Ausdruck, die dann ihre Ersatzbefriedigung in Form von Befehlsgewalt suchen, welche im Grunde ausschließlich in der Gedankenwelt existiert, jedoch endlich umsetzbar wird, wenn das Opfer entweder vollkommen wehrlos oder wegen der vorliegenden Weihnachtsstimmung überdurchschnittlich tolerant und geduldig ist.

Die stattliche Tanne mit kerzengeradem Wuchs wurde am Schwarzen Brett der Kirchengemeinde zum Geschenk angeboten, was das zu erwartende „verbale Nachbeben" allerdings nicht aufhalten konnte und in dem es dann hieß: *„Nur aus Jux und Tollerei kaufst du gleich zwei Christbäume, während sich andere Leute überhaupt keinen leisten können!"* – wie wenn durch Bernds Schuld jemandem etwas weggenommen worden wäre…

Über die Ursachen derartiger Verhaltensauffälligkeiten lässt sich in weitem Rahmen spekulieren:
Bei Ilse bestand in jugendlichem Alter eine hohe äußerliche Attraktivität, die ihr nicht bloß innere Sicherheit, sondern auch den Anspruch auf ein unbeschwertes Leben suggerierte, bei dem sie sich unter vielen in Frage kommenden Partnern einen werde aussuchen können, der sie in einem großzügigen materiellen Rahmen gleichsam auf Händen tragen und ihr dabei sämtliche Annehmlichkeiten ermöglichen werde. Dazu würde dann auch ein ganzer Stab von Bediensteten gehören, denen sie als Dame eines stattlichen Hauses huldvoll ihre Anweisungen erteilen könne – ein Traum, den bestimmt manches

junge Mädchen zuweilen gedanklich durchspielt und sich den Märchenprinzen sowie zahlreiche Details der in allen Punkten rosaroten Zukunft dabei schon leibhaftig vorstellt.

Die Umsetzung solcher Visionen war jedoch nach vorzeitigem Beenden der Schule und ohne das Erlernen eines Berufs, welcher eine wirtschaftliche Eigenständigkeit auf üppigem Niveau hätte gewährleisten können, zweimal gründlich gescheitert, woraus ein tief in der Seele sitzender Mangel an Befriedigung resultierte.

Wer aufgrund günstiger Begleitumstände wie ansprechenden Aussehens in jungen Jahren einen bequemen Lebensweg vor sich zu sehen glaubt, empfindet darauf gerne einen moralischen Anspruch und sieht in den Mitmenschen oft böse Störenfriede desselben, sofern die Geschehnisse dann später doch anders ablaufen.

Am nächsten kam jenen angestrebten Zielen noch die Entwicklung des Sohnes Bernd, jedoch dieser war nun ganz sicher nicht *„mit einem silbernen Löffel im Mund"* auf die Welt gekommen, hatte unter oftmals ziemlich schwierigen Rahmenbedingungen jeden Schritt aus eigener Kraft gehen müssen, was seiner – in Bezug auf die Leistungen anderer – immer enorm ehrgeizigen Mutter allerdings *nie* wirklich *genug* erschien, wodurch sich bei dieser dann dennoch ein gewisses Unbehagen einstellte, das ihr Leben dominierte und in der näheren Umgebung nach Möglichkeiten suchte, ein passendes Betätigungsfeld zu finden, um das stets angestrebte dominante Wirken schließlich doch irgendwie in die Tat umzusetzen – wenn auch meist nur auf sehr primitivem Niveau.

Da die grundsätzlichen Eigenschaften eines Menschen sich schon in der Kindheit und Jugendzeit heranbilden, im mittleren Alter verfeinern und während des weiteren Reifeprozesses verfestigen sowie des Öfteren verstärken, muss Ilses ständige Zanksucht, die ihre unterschiedlichen Anlässe gar nicht zu suchen brauchte, sondern meist selber generierte, als fester Bestandteil ihrer durch mancherlei Enttäuschungen geprägten Lebensgeschichte angesehen werden. In der Regel kreierte sie hauptsächlich daraus Erfolgserlebnisse und Selbstwertgefühl.

Interessant ist Bernds lebenslang bestehende Liebe zu seiner Mutter aufgrund der frühkindlichen Prägung[57], die jedes Individuum unbewusst erfährt. Diese generiert ein inneres Gefühl der Verbundenheit

---

[57] Unter der *„Prägung"* versteht man in der Biologie einen irreversiblen und sehr schnell ablaufenden Lernvorgang während einer bestimmten Phase in der frühen Kindheit.
Eine wichtige Variante ist die *Nachfolgeprägung*, durch die sich das Jungtier auf seine Mutter ausrichtet und dann lebenslang auf diese „fixiert" bleibt.
Das Prägungsverhalten findet man in unterschiedlicher Intensität bei sämtlichen Tieren und somit auch beim Menschen.

Entdeckt wurde das Phänomen durch mehrere Forscher im 19. und 20. Jahrhundert.
Maßgeblich beteiligt waren
Douglas Alexander Spalding (☼ 1840, † 1877),
Katharina Heinroth   (☼ 1897, † 1989),
Oskar Heinroth   (☼ 1871, † 1945) und
Konrad Lorenz   (☼ 1903, † 1989).

Speziell beim *Menschen* forschten dazu
Bernhard Hassenstein   (☼ 1922, † 2016) sowie
Irenäus Eibl-Eibesfeldt   (☼ 1928, † 2018).
Anders ist dort das manchmal mögliche spätere *Umlernen* durch das etwas ausgeprägtere Denkvermögen.

zur ersten und direktesten Bezugsperson, das selbst später nicht abebbt, wenn mancherlei Hinterhältigkeit sowie Heimtücke allmählich nicht mehr kaschiert werden können, weil der herangewachsene Verstand sie einfach erkennt, ohne gezielt danach suchen zu müssen.

Ilses ständiger Drang, auf einen anderen Menschen Druck und Macht ausüben zu können, kompensierte nicht nur unbefriedigte Ziele aus früherer Zeit, sondern offenbart auch durchaus eine gewisse Primitivstruktur, die man des Öfteren bei Menschen antrifft, die sich vom Militär angezogen fühlen und später stolz davon berichten, wie sie nach erst einem Jahr Dienstzeit bereits ihre jungen Untergebenen „*angebrüllt*" haben.

Die unheilige Allianz

So endete die Geschichte von diesen beiden Menschen, die sich gegenseitig mehr als zwei Jahrzehnte lang bis aufs Blut bekriegten und dabei oft beinahe zerfleischten, deren Wege sich also am besten *niemals* hätten kreuzen sollen.

Wer letztlich Opfer und wer Täter war, lässt sich kaum eindeutig beantworten: Wenn ein Funke durch Benzindampf fällt, kann man auch nicht sagen, welches der beiden Dinge die Explosion verursacht hat.

Nach einer alten Weisheit ist zwar der Krieg keineswegs *„der Vater aller Dinge"*, wie dies manchmal fälschlicherweise behauptet wird, sondern in der Regel bloß der Vater aller *schlimmen* Dinge, denn er weckt bei den freiwilligen oder unfreiwilligen Teilnehmern stets lediglich die dunkelsten und schlechtesten Eigenschaften, welche in der Seele eines Menschen schlummern können. Eskaliert nun eine private Beziehung wie etwa die Ehe zu so einer Art Krieg, lassen sich prinzipiell genau dieselben Effekte erkennen – ganz wie in dem soeben aufgerollten Fall.

Man sagt manchmal, dass ein Ende mit Schrecken besser ist als ein Schrecken ohne Ende, aber hier war nach dem Gesetz der Trägheit, das nicht nur in der Physik, sondern ebenso in der Psychologie existiert, ausgerechnet jener zweite Weg gewählt oder zumindest nicht vermieden worden.

Die Verbindung von Ilse und Werner lässt sich als *„unheilige Allianz"* bezeichnen, unter der zwei Menschen einfach nicht mehr voneinander loskommen, obwohl sie füreinander das absolute Gegenteil einer Symbiose bedeuten und irgendwann bloß noch darauf abzielen, sich gegenseitig zu schaden. In der Tierwelt kennt man dafür keinen Begriff, denn dort ist ein derartiges Verhalten nirgends zu beobachten.

Wie war eine solche Entwicklung möglich?
Werner wäre es, solange er sich einkommensmäßig noch selbst über Wasser halten konnte, oft ganz angenehm gewesen, wenn seine Frau die Scheidung eingereicht hätte und ihm somit die meisten Kosten dafür erspart geblieben wären.

Eines Tages machte er sogar deutliche Anstalten, den gemeinsamen Haushalt zu verlassen, was seine Partnerin sichtbar begrüßte, während der damals noch sehr kleine Bernd ein eher trauriges Gebaren zeigte, das Werner umstimmte.

Ilse entschloss sich hingegen zu solch einem Schritt erst nach dem im Grunde längst vorauszusehenden wirtschaftlichen Zusammenbruch des Familienernährers, denn sie hatte immer geglaubt, durch ihre Ehe zumindest materiell versorgt – allerdings keineswegs zuverlässig abgesichert – zu sein, da sie nach dem ersten Jahrzehnt nicht mehr an einen großen Erfolgsdurchbruch dachte, der ihren Mann – und damit gleichermaßen sie – plötzlich in die Wohlstandszone katapultieren könnte.

Hätte sie die Trennung von diesem im Rahmen der gesetzlichen Möglichkeiten mit aller Entschiedenheit durchziehen wollen, wäre ihr das auch – unter sehr hohen Kosten – irgendwann gelungen, denn der Fortbestand eine Ehe lässt sich in Mitteleuropa nicht durch einen der Partner erzwingen, sofern der andere unwiderruflich an der Aufhebung festhält; es entwickelt sich dann allerdings ein teures, zähes und vor allem nervenzerreibendes Tauziehen vor Gericht. Die zuvor geschilderte Vorgehensweise, welche von Ilse praktiziert wurde, erwies sich freilich als weit weniger kostenintensiv. Gegen moralische Bedenken bildete

der Hass ein gutes Betäubungsmittel, der ja bekanntlich manche Hemmschwelle stark herabsetzt…

Die gesellschaftlichen Vorbehalte gegen eine Scheidung, welche in der frühen Nachkriegszeit durchaus
noch existierten, da sich so etwas für die anständigen Bürger einfach „nicht schickte", waren eher weniger ein Thema, zumal Ilse ja bereits einen solchen
Akt durchgezogen hatte und Werner sich meist nur
wenig darum kümmerte, was hinter seinem Rücken
alles gesprochen wurde.

Oftmals ist es bestimmt nicht ganz leicht, jenen genauen Punkt zu finden, ab dem einfach eine neue
Richtung eingeschlagen werden muss:
Bei der ersten Unstimmigkeit „das Handtuch zu werfen", kann gewiss sehr voreilig und damit falsch sein.
Gleichsam auf irgendein Wunder zu hoffen, mit dem
sich die selber zurechtgelegte Illusion eines Tages
vielleicht doch noch erfüllen soll, und stur auf dem
einmal eingeschlagenen Weg zu verharren, ist ebenso ein Fehler.
Am schwierigsten lässt sich meist der so genannte
„goldene Mittelweg" ausfindig machen, zumal dieser
in der Regel ein ausgesprochen *schmaler* Pfad ist.

Ob nun Ilse und Werner mit anderen Lebenspartnern
zu Glück und Harmonie gefunden hätten, ist äußerst
zweifelhaft. Manche Menschen eignen sich einfach
nicht für eine Gemeinschaft. Problematisch wird es,
wenn sie das weder merken noch wahrhaben wollen
und aufgrund überhöhter Selbsteinschätzung ständig
nur beim anderen die alleinige Schuld für das Miss-
lingen jedes Schritts zu sehen glauben.

Werner lebte stets in der festen Überzeugung, alles
richtig zu machen und spielte die völlige wirtschaftli-

che Instabilität, in der er mit ständigem Kontakt zum Pfändungsbeschluss rangierte, gerne als Lappalie herunter, welche bestimmt kein Grund für die Aufregungen seiner Frau sei. So lautete die Äußerung zu den immer wieder erfolgten Besuchen des Gerichtsvollziehers lediglich verharmlosend: *„Ach, die paar Mal, die der da war!"* Ilse hingegen ließ ihrem Frust über die prekäre Situation stets lautstark freien Lauf und fühlte sich damit ebenso im Recht.

Böse Zungen könnten jene unglückliche Beziehung mit den bissigen Worten kommentieren:
„Die beiden haben einander einfach verdient."

Ähnlich unheilvolle Konstellationen bilden sich zuweilen durchaus auch im Bereich der Prominenz: So kam beispielsweise die als *„Manuela"*[58] bekannte Sängerin von ihrem Entdecker und späteren Manager Werner Fey nie mehr los, obwohl er sie in erster Linie unterdrückte und finanziell ausnutzte oder sogar regelrecht auspresste. Selbst nach seinem Ableben zog sie wie ein Magnet weitere Geschäftspartner an, die sich meist ganz ähnlich verhielten, da jede innere Selbständigkeit bereits quasi abgetötet worden war. Hier haben wir es mit typischem Schmarotzertum zu tun, welches durchaus auch in der Tierwelt existiert. Das Opfer wird dabei in eine Position starker Abhängigkeit gedrängt, deren Verlassen automatisch Angstgefühle generiert, die natürlich vermieden werden sollen und somit ein Abändern des längst als nachteilig erkannten Zustands blockieren.

[58] Doris Inge Wegener (☼ 1943, † 2001), die sich den Künstlernamen *Manuela* zulegte, war eine deutsche Sängerin aus Berlin Wedding und ging mit ihrem Lied *„Schuld war nur der Bossa Nova"* 1963 in die Musikgeschichte ein. Ihr frühes Ableben hatte seine tieferen Ursachen in Existenzangst sowie dem daraus resultierenden Missbrauch von Alkohol und Nikotin.

Bleibende Spuren?

Bernd war es ohne irgendeine „Hochbegabung" sowie trotz einer in vielfacher Hinsicht spannungsgeladenen Jugend gelungen, seine beruflichen Ziele im Wesentlichen zu erreichen und auf dem von ihm gewählten Gebiet wirklich Fuß zu fassen. Dank des breiten Spektrums von Entfaltungsmöglichkeiten in unserer westlichen Industriegesellschaft findet sich durchaus manchmal auch für jemanden der richtige Weg, der als Kind eher zu den *„eigentlich nicht ganz so schnellen Zeitgenossen"* gerechnet werden muss. Er schaffte es, die Anlagedefizite durch erhöhten Arbeitseinsatz weitgehend zu kompensieren.

Bernds Fall zeigt, dass auch ein Negativvorbild tatsächlich im positiven Sinne wirken kann: Hat man einmal den Entschluss gefasst, seinen Weg keinesfalls nach dem ständig präsenten Schema zu gehen, funktioniert diese Art von Führung vom Prinzip her fast wie ein Muster, dem nachzueifern versucht wird – lediglich eben umgekehrt.

Trotzdem hinterließ die während seiner Kindheit im Elternhaus erlebte Disharmonie verbunden mit zahlreichen Gewaltexzessen in seiner Persönlichkeit permanente Spuren, die ein Psychologe heute vielleicht als eine Art Angstneurose bezeichnen und mit dem Risiko teilweise unkalkulierbarer Nebenwirkungen medikamentös behandeln würde. Bernd begab sich in keine Therapie, sondern hatte früh gelernt, seine Probleme selber in den Griff bekommen zu müssen, was ihm auch meistens gelang.

Man sagt gerne, dass so genannte Scheidungskinder von vornherein mit einem erschwerten Start ins Leben zu kämpfen haben, weil der unerfreuliche Vorfall der Trennung auf die Kinder in der Familie meist wie ein Hinfallen wirkt, für das diese nichts können. Weit problematischer sind allerdings diejenigen dran, die den Symptomen eines elterlichen Zerwürfnisses über längere Zeit oder gar während ihrer gesamten Kindheit sowie Jugendzeit ausgesetzt sind.

Man kann die Situation mit der Verletzung durch einen Sturz vergleichen, die allerdings nicht nach dem Überwinden der Ursache allmählich abklingt und heilt, sondern sich quasi wie eine ganze Kette von in kurzen Abständen aufeinander folgenden Stürzen anfühlt, deren Ende zunächst kaum abzusehen ist.

Eltern, die sich einfach „auseinandergelebt" haben, meiden oftmals den Trennungsschritt, weil um jeden Preis nach außen hin der Schein einer intakten Familie gewahrt bleiben soll, oder schlichtweg zur Vermeidung der durch eine doppelte Haushaltsführung anfallenden Kosten. Solche Überlegungen muten heute meist lächerlich an, dominierten jedoch zu der Zeit, in welcher Bernd aufwuchs, durchaus die getroffenen Entscheidungen.

Wie sehr dieser auch unter der Situation, in der er heranwachsen musste, oft gelitten haben mag, ist dennoch zu bedenken, dass die Zuversicht seiner Eltern in Bezug auf das Entwicklungspotential ihres Sohnes sich im Laufe der Jahre tatsächlich ausgezahlt hat.

Hätte man den Prognosen des durchaus erfahrenen Grundschullehrers Gehör geschenkt, wäre die berufliche Zukunft ohne einen höheren Schulabschluss höchstwahrscheinlich auf sehr viel niedrigerem Niveau verlaufen.

Es ist selbst mit großer pädagogischer Vorbildung schier unmöglich, präzise vorauszusagen, was ein Neunjähriger ein bis zwei Jahrzehnte später können oder wo er versagen wird.

Der Autor

Peter Michael Wocke studierte nach seinem Abitur und dem Zivildienst zunächst Elektrotechnik an der ehrwürdigen Technischen Universität seiner Heimatstadt München.

Während eines befristeten Vertrags am Lehrstuhl konnten die ersten beruflichen Erfahrungen vor dem Einstieg in einen global agierenden Elektrokonzern gesammelt werden, wo er schwerpunktmäßig auf dem Gebiet der Informatik im Bereich Forschung und Entwicklung arbeitete. Zu seinen Tätigkeiten gehörte immer auch die interne sowie externe Vermittlung von Fachwissen. Neben dem Beruf promovierte er in Maschinenbau und übernahm später Aufgaben im Management des Konzerns. In der stets knappen Freizeit fand sich schließlich noch eine Lücke für die Autorentätigkeit.

Die seit frühester Jugend bestehende Abneigung gegen Gewalt und Brutalität zur Ausbeutung Schwächerer sowie als Mittel für Problemlösungen führte nach den Kurzromanen
„Im Besitz der Familie" und
„Die Zukunft des Unmöglichen" über das geschichtliche Werk *„Eine Chance wie eins zu einer Million"* sowie unterschiedliche Erzählungen zu den vorliegenden familiären Disharmonien sowohl in düsteren Kriegstagen als auch während der deutschen Wirtschaftswunderzeit im Anschluss an die Katastrophe.